JN015935

ジャム・果実酒・ピクルス・漬け物・みそ

保存食と作りおき ベストレシピ

石原洋子

家の光協会

はじめに

この本は13年前に出版した『季節の保存食』に新たなレシピを加え、作り直したものです。

『季節の保存食』はおかげさまで、ロングセラーとなり、多くの方のお手元に届きました。

今回、新たな装いで出版するにあたり、レシピを見直してみました。


13年は長い時間ですね。世の中や家族、自分自身の味の好みも、月日が流れるにつれ、変わってきています。

たとえば、ピクルス。当時は保存性を高めるため、塩漬けをして、酸っぱめの味つけで作っていました。でも、今はマイルドな酸味で、サラダ感覚で食べられるものが好まれるように思います。私自身も、やさしい味わいのものがおいしく感じるようになりました。保存期間もそんなに長くなく、せいぜい3カ月ほどで食べきります。


この本に登場する料理はわが家で何度も作ってきたものばかりですが、こうしたらもっとおいしかった、もっと手軽に作れた、というものはメモを書き添えていました。ピクルスのように、酸味をおさえたり、塩漬けの手間を省いたり、いくつかのレシピはよりおいしく、作りやすいレシピに改良されています。

いっぽうで、変わらぬレシピもあります。梅干しやみそなどがそうです。もちろん、どちらもこれまでさまざまな作り方を試しました。

梅干しは塩分控えめがいいのかしら、甘い梅干しが好まれているのかしら、などと思い作ったこともあります。でも、やっぱりこの本で紹介している、塩分15％のものが梅の味とのバランスが一番とれていておいしいのです。

みそも甘い味が人気と聞き、作ってみました。けれど、最近は一品で多くの野菜がとれる、具だくさんのみそ汁が主流ですね。野菜の甘みが汁に溶け出すので、みそは甘いものより、きりっとした味のほうがおいしく感じます。

私が長い間作り続け、試行錯誤をくり返し、たどりついた納得の味をこの本ではご紹介しました。まさに「ベストレシピ」といっていいかと思います。手作りの保存食と作りおきで、ぜひ季節の味を楽しんでいただければ、そして毎日の食卓を豊かにするお手伝いができれば、とてもうれしいです。

石原洋子

ジャム・果実酒・ピクルス・漬け物・みそ

保存食と作りおきベストレシピ

目次

はじめに—2

季節の保存食カレンダー—6

野菜の保存食と作りおき—7

ふきのとうみそ—8
キャベツの浅漬け—10
キャベツのレモン浅漬け—11
きゃらぶき
ふきの葉のつくだ煮—12
ちりめん山椒—14
実山椒のつくだ煮—16
あなごめし
まぐろのしぐれ煮—17
らっきょうの甘酢漬け—18
らっきょうのせ焼きそば
らっきょうサラダ—20
らっきょうの塩漬け—21
いんげんのピクルス
ミックス野菜のピクルス—22
谷中しょうがの甘酢漬け
新しょうがの甘酢漬け—24
きゅうりのピクルス—26
タルタルソース—27
きゅうりの1本漬け
きゅうりのパリパリ漬け—28
葉唐辛子のつくだ煮—30
ピーマンのつくだ煮—31
しば漬け—32
なすの辛子漬け—34
みょうがの甘酢漬け—35
きのこのしょうゆ漬け—36
きのこそば—37
冬野菜のピクルス—38
大根の漬け物四種
辛子じょうゆ漬け／べったら漬け
焼酎漬け／はりはり漬け—40
福神漬け—42
しいたけ昆布—44

果物の保存食と作りおき—45

甘夏の皮の砂糖煮—46
甘夏のマーマレード—48
いちごのシロップ—50
いちごゼリー—51
いちごジャム—52
梅干し—54
ゆかり—59
梅酒—60
梅酒いろいろ
ブランデー漬け
シェリー酒漬け
黒糖漬け—62
しそジュース—64
あんずジャム—66
ロールケーキ—67
ブルーベリージャム—68

・本文中の小さじ1は5mℓ、大さじ1は15mℓ、1カップは200mℓです。
・電子レンジは600Wのものを使用しています。
・オーブンとオーブントースターの焼き時間はあくまでも目安です。
・本文で「常温にて保存」と記した場合の「常温」とは、外の、自然な気候に近い温度を指します。
・「冷暗所にて保存」の冷暗所とは、文字どおり北側の直射日光の当たらない、寒くて、冷暖房の及ばない場所を指します。
・保存期間は目安です。

栗の甘露煮——70
かんたんモンブラン——71
ぶどうのジュース——72
ぶどうジャム
ぶどうのゼリー菓子——74
りんごの甘煮——76
アップルパイ——77
りんごのキャラメル煮——78
りんごのキャラメルケーキ——79
洋なしのシロップ煮——80
ゆずのはちみつ漬け——81
きんかん酒
ゆず酒
かりん酒——82
レモンカード——84
レモンタルト——85
ドライフルーツの
洋酒漬け——86
フルーツパウンドケーキ——87
ジャム類の瓶詰めの仕方——88

肉と魚介の保存食と作りおき——89

鮭の焼き漬け
イクラのしょうゆ漬け——90
鮭の親子めし——91
いかの塩辛——92
牛すね肉のつくだ煮風——94
牛すね丼
牛すね肉と白菜の煮物——96
豚肉の黒酢煮——98
甘みそ鶏そぼろ——100
梅肉そぼろ——101
田舎風テリーヌ——102

調味料ソースなど——103

みそ——104
青唐辛子みそ
青唐辛子じょうゆ——109
炒め玉ねぎ——110
オニオングラタンスープ——111
にんにくのしょうゆ漬け——112
にんにくチャーハン——113
にんにくのみそ漬け——114
豚肉とねぎの
にんにくみそ炒め——115
トマトピューレ——116
トマトケチャップ——118
トマトソーススパゲティ
小いかのトマトソース煮——119
バジルペースト——120
アンチョビー——121
冬のゆずこしょう
ポン酢しょうゆ——122
XO醤——124
極上チャーハン——125
春雨とひき肉のXO醤炒め——126
食材別さくいん——127

季節の保存食カレンダー

本書に掲載した保存食の、仕込みに適していると思われる時期を、実際に撮影のために製作した日にちをもとに表にしてみました。地域により、またその年により旬の時季は異なりますので、参考までにしてください。

1月

大根の漬け物（11〜2月）
みそ（1〜2月）

2月

ふきのとうみそ（ふきのとうの旬は2〜3月、雪国は4〜5月）

3月

甘夏の皮の砂糖煮、甘夏のマーマレード（3〜5月）

4月

キャベツの浅漬け（春キャベツは4〜6月）
いちごのシロップ、いちごジャム（4〜6月）

5月

きゃらぶき、ふきの葉のつくだ煮（4月末〜6月）
ちりめん山椒、実山椒のつくだ煮（5月末〜6月中旬）
らっきょうの甘酢漬け、
らっきょうの塩漬け（5月下旬〜6月下旬）
炒め玉ねぎ（新玉ねぎは4〜5月／通年）

6月

いんげんのピクルス（6〜7月）
谷中しょうがの甘酢漬け、
新しょうがの甘酢漬け（6〜7月）
梅干し、梅酒（6月中旬〜7月初旬）
しそジュース（6月末〜7月初旬）
あんずジャム（6月末〜7月中旬）

7月

きゅうりのピクルス、きゅうりの1本漬け、
きゅうりのパリパリ漬け（6〜9月）
葉唐辛子のつくだ煮（6月末〜7月初旬）
ピーマンのつくだ煮（6〜9月）
しば漬け（6〜8月）
ブルーベリージャム（6〜8月）
にんにくのしょうゆ漬け、にんにくのみそ漬け
（新にんにくは6月末〜7月初旬）

8月

なすの辛子漬け（6〜9月）
みょうがの甘酢漬け（6〜10月）
青唐辛子みそ、青唐辛子じょうゆ（7〜9月）
トマトピューレ
バジルペースト

9月

きのこのしょうゆ漬け（9〜11月／通年）
栗の甘露煮（9〜10月）
ぶどうのジュース、ぶどうジャム、
ぶどうのゼリー菓子（9〜10月）

10月

洋なしのシロップ煮（10〜11月）
かりん酒（10〜11月）
鮭の焼き漬け（秋鮭は10月）
イクラのしょうゆ漬け（10〜11月）

11月

冬野菜のピクルス（11〜2月）
りんごの甘煮、りんごのキャラメル煮（11〜12月）
レモンカード（10〜3月）

12月

ゆずのはちみつ漬け、ゆず酒、
冬のゆずこしょう、ポン酢しょうゆ（12〜1月）
きんかん酒（12〜2月）
いかの塩辛（11〜2月）

・らっきょうや山椒、梅の実などその季節しか採れないものは、時季を逃さないように。
・いちごやきゅうり、トマトなどは一年中出回っていますが、露地物の出回る時季のものがおすすめです。
・以下のものは季節を問いません。ミックス野菜のピクルス、福神漬け、しいたけ昆布、ドライフルーツの洋酒漬け、牛すね肉のつくだ煮風、豚肉の黒酢煮、甘みそ鶏そぼろ、梅肉そぼろ、田舎風テリーヌ、アンチョビー、XO醤

野菜の保存食と作りおき

お酒飲みにも喜ばれます

2～3月

ふきのとうみそ

　春の訪れをいの一番に告げてくれるふきのとう。庭先に若紫色の愛らしいつぼみが顔をのぞかせると、いち早く摘み取ってふきのとうみそを作ります。

　つややかに煮上がったふきのとうみそは、香りが逃げないようふた物に入れて、ちびちびと、あたたかいご飯にのせていただきます。ほろ苦い味と香りが口中に広がって、四季のある幸せをしみじみとかみしめます。

材料（作りやすい分量）

ふきのとう……5個（50g）
サラダ油……小さじ1
A みそ……100g
酒……大さじ1
みりん……大さじ4
砂糖……大さじ4

作り方

1 ふきのとうはきれいに洗ってざるに上げておきます。
2 **A**の材料を合わせておきます。
3 ふきのとうを細かく刻み、熱した鍋にサラダ油をひいて、中火で手早く炒めます。ふきのとうは刻んで空気に触れると、すぐに色が黒ずむので、手早く調理します。
4 全体に油がまわったら**2**を加え、木べらで混ぜながら弱火で10分ほど練り上げます。

右の写真のように字が描けるほどに練り混ぜ、火を止めてからも粗熱がとれるまで混ぜ続けます。

みそは冷めるとかたくなるので、少しゆるいなと思うくらいでとどめると、ちょうどよい仕上がりとなります。

メモ
❖冷めたらふた物に入れて冷蔵庫に保存すれば、2週間は楽しめます。
❖田楽みそとして、ふろふき大根や豆腐に、生麩を焼いてのせていただいても、季節の香りが楽しめます。

大きめに切って、歯ごたえも楽しみます

4〜6月

キャベツの浅漬け

春キャベツは、ぎっしりとつまった冬キャベツに比べ、ふんわりと軽く、浅漬けにすると、1個でもすぐに食べきってしまいます。

漬けてすぐはサラダ感覚のフレッシュな味わいで、少しずつお漬け物らしい味わいに変化していくのも楽しみです。1週間ほどすると、発酵して少し酸味が出てきます。お好みですが、私はその味も好きです。

材料（作りやすい分量）

- キャベツ……½個（600g）
- 粗塩……12g（キャベツの重量の2％）
- 赤唐辛子（種を取る）……1本
- 昆布（5㎝角）……1枚

作り方

1 キャベツは洗ってざるに上げ、水気をきって大きめのひと口大に切ります（写真❶）。芯は薄切りにします。

2 ジッパーつきのポリ袋に入れ、塩を加えて振って全体にまぶしたら、袋の上からもみます（写真❷）。

3 赤唐辛子と昆布を加えます。

4 袋の口を少し開け、手でぎゅっと押して、空気を抜きます（写真❸）。

ストローを使うと、よりしっかり空気を抜くことができます（写真❹）。

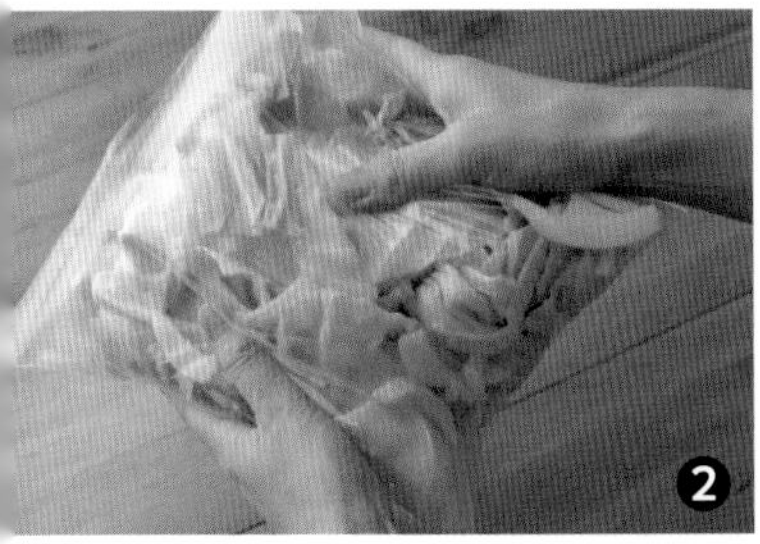

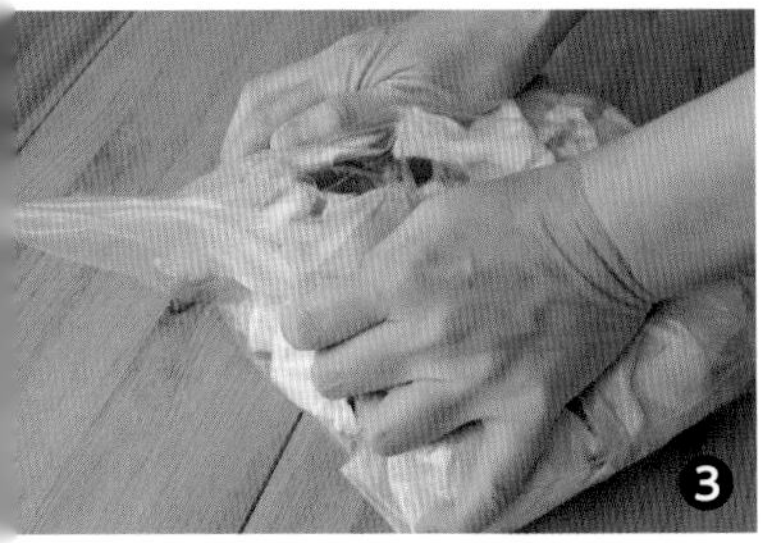

空気をしっかり抜くことで、重石がなくても全体に塩がいきわたり、よく漬かります。常温で一晩おけば食べられます。食べるときは軽く絞って、器に盛ります。

メモ

❖漬かったら、冷蔵庫で保存し、1週間くらいで食べきります。

❖キャベツをせん切りにし、昆布の代わりに、ローリエとキャラウェイを入れて、常温で5～6日おいて発酵させれば、ザワークラウトになります。ソーセージや肉と一緒に炒めるとおいしくいただけます。

キャベツの浅漬けで

キャベツのレモン浅漬け

レモンを加えると、さっぱりとした味わいになります。

材料と作り方（作りやすい分量）

1 レモン1/2個は1～2㎝幅に薄く皮をむきます。半分に切って、大さじ1ほど汁を搾ります。

2 キャベツ1/2個分の浅漬けに、**1**のレモン汁と皮を加えて30分～1時間おいてなじませます。

きゃらぶき ふきの葉のつくだ煮

ふきを丸ごと楽しむ二品

きゃらぶきのおいしさは、若い人にはわからないかもしれません。私も若いころはそれほど好きではありませんでしたが、いつしかこの真っ黒なつくだ煮のとりこになりました。「きゃらぶき」とは、伽羅《きゃら》という香木のように黒いの意で、ひたすら真っ黒になるまで長く煮上げるのがコツです。若いふきを使って、皮はむかずに作ります。

きゃらぶきを作ったあとの葉は、つくだ煮にします。あるとき、捨てるつもりの葉がやわらかそうな若緑色をしているので、つくだ煮にしてみたら、きゃらぶきに負けないおいしさ。エコクッキングを、ふきに教えてもらいました。

ふきを余すことなく使います

きゃらぶき

材料（作りやすい分量）

ふき……750g
酒……1カップ
水……1カップ
しょうゆ……3/4カップ
砂糖……大さじ2～3（好みで）
赤唐辛子（種を取る）……1本

作り方

1 ふきは葉を落とし、ナイロンたわしでこすって表皮の毛と汚れを落とし、きれいに洗います。

2 **1**を4～5cm長さに切って水に放し、10分ほどおいてざるに上げます。

3 鍋に**2**と赤唐辛子、酒、分量の水、しょうゆ半量を入れて火にかけ、煮立ったら落としぶたをして弱火でゆっくり煮含めます。途中、残りのしょうゆを、少しずつ足していきます。煮汁が1/3程度になったら、砂糖を加え、トータルで2時間くらいかけて煮汁がなくなるまで煮ていきます。そのまま一晩おきます。

4 翌日になると、水分が出てくるので、水少々（分量外）を足して落としぶたをし、弱火にかけて煮汁がすっかりなくなるまで煮つめます（左上の写真）。

メモ
❖冷めてから密閉容器に入れます。冷蔵保存で2週間はもちます。

ふきの葉のつくだ煮

材料（作りやすい分量）

ふきの葉……1束分
だし汁……1/2カップ
酒……1/2カップ
しょうゆ……大さじ1と1/2
砂糖……小さじ1/2
梅干し……1個
削りがつお……1パック

作り方

1 葉は洗って熱湯でさっとゆでて、水にとります。葉を何枚か重ね、葉脈に沿って2～3等分に切ってから細かく刻みます。

2 **1**を軽く水気を絞ってほぐして鍋に入れ、だし汁、酒、しょうゆ、砂糖と梅干しをちぎって加え、弱火でゆっくりと、汁気がほとんどなくなるまで煮上げます（右下の写真）。20分くらいです。

出来上がりしなに削りがつおをふり入れ、炒りつけると、風味が増します。

メモ
❖冷めてからふた物に入れ、冷蔵庫へ。1週間くらいで食べきります。

ふきの葉のつくだ煮はすぐにできます

ご飯が進みすぎて困ります

5〜6月

ちりめん山椒

5月末から6月中旬までのほんの短い期間に採れる実山椒。京都の人たちはこれを塩漬けにしたり、しょうゆで炊いて保存し、焼き魚や煮魚のスパイスに、昆布と炊いたりと、一年中重宝しています。

なかでも近年とくに人気があるのが、ちりめん山椒。口に含むと、ひりりと舌をしびれさす実山椒と、新物のちりめんじゃこのふんわりしたうまみは、引き立てあって極上の味わい。あたたかいご飯にのせると、いくらでも食が進みます。

この時期に実山椒を多めにゆでて、冷凍しておくと、いつでもちりめん山椒を作ることができます。

材料（作りやすい分量）

ちりめんじゃこ……100g
実山椒（ゆでたもの）……大さじ3
酒……½カップ
みりん……大さじ1と½
しょうゆ……大さじ1と½

若いはしりのものを使うと、やわらかく煮上がります。
細い茎はつけたままで

作り方

〈実山椒をゆでる〉

1　実山椒200〜300gは枝からはずし、ごみなどを取り除いて（写真❶）から水で洗います。鍋にたっぷりの湯を沸かし、実山椒を入れ、再び煮立ったらざるに上げます。これを3回くり返します。

2　たっぷりの湯で7〜10分、弱めの中火で実山椒が指の腹でつぶれるくらいまでゆでます（写真❷）。

　実山椒の採れる時期によってゆでる時間が異なるので、必ず指で確かめます。

3　ざるに上げ、1時間くらい水にさらします（写真❸）。途中、2〜3回水を替えます。

メモ

❖ゆでた実山椒はペーパータオルで完全に水気をふき取り、保存袋に入れて冷凍保存します。保存期間は1年。つくだ煮（16ページ）にも使います。

〈ちりめん山椒を作る〉

1　ちりめんじゃこは水でざっと洗い、ざるに上げます。

2　鍋に酒、みりん、しょうゆを入れて火にかけ、ひと煮立ちさせます。さらにちりめんじゃこを加えて、アクを取りながら弱火で3分くらい煮ます（写真❹）。

　煮汁が1/4量くらいになったところで実山椒を加え、5分くらい煮ます。

　ここで実山椒を早く加えすぎると、美しい翡翠《ひすい》色はあせ、実割れしたりします。ご注意を。

3　煮汁が少なくなったら、鍋の中央をあけ、中心に集まった汁をスプーンですくってまわりにかけながら、煮汁がなくなるまで煮ます（写真❺）。

メモ

❖出来上がったらバットに広げて水分を飛ばし、冷めてから器に保存します。冷蔵保存で2週間もちます。

実山椒のつくだ煮

5〜6月

ゆでた実山椒を酒、しょうゆ、みりんで炊いてつくだ煮にします。

これを作っておくと、あなごやうなぎめしの引き立て役に、魚介類を煮るときに数粒加えると、臭みを抑え、風味が増すなど、薬味効果が期待できます。山椒は防腐効果もありますので、梅雨時のお弁当にもおすすめ。

材料（作りやすい分量）

実山椒（ゆでたもの・15ページ参照）……200g
酒……大さじ6
みりん……大さじ2
しょうゆ……大さじ6

作り方

1 鍋に実山椒と酒、みりん、しょうゆを入れてごく弱火で10分ほど煮ます。ざるに上げ、煮汁と分けます。

2 煮汁を鍋に戻し、火にかけて煮つめ、とろりとしたら実山椒を戻し入れて、さらに煮からめます。

メモ

❖冷めてから器に入れ、冷蔵庫で保存します。保存期間は1年。

あなごめし

実山椒のつくだ煮で

あなごめし

炊きたてのご飯に、細かく切ったあなごと、実山椒を混ぜるだけで、おもてなしの丼物が誕生。

材料と作り方（4人分）

1 刻んだ焼きあなご2～3本（正味100g）は耐熱容器に入れてラップをかけ、電子レンジで40秒ほどあたためます。

2 炊きたてのご飯4人分にあなごと実山椒のつくだ煮大さじ2を混ぜ、味が足りないようなら添付のあなごのたれを混ぜ合わせ、器に盛ります。

まぐろのしぐれ煮

かつおの角切り、蒸しホタテなどの魚介類にも応用できます。

材料と作り方（4人分）

1 まぐろのぶつ切りまたは刺し身用さく（500g）は3cm角に切り、しょうが1かけは薄切りにします。

2 鍋に酒大さじ4、みりん大さじ4を入れて煮立ててアルコール分を飛ばし、水大さじ5、しょうゆ大さじ4、砂糖大さじ2を加え、煮立ったらまぐろを重ならないように並べ入れます（鍋はまぐろが1段に並ぶくらいのものを）。

煮立ったらざっとアクを取り、しょうがと実山椒のつくだ煮小さじ2を散らし、落としぶたをして弱めの中火で5分くらい煮ます。

3 ふたを取り、煮汁を飛ばすようにときどき上下を返しながら煮つめます。

メモ

❖冷蔵庫で保存し、3～4日のうちに食べきります。

まぐろのしぐれ煮

左が漬けたて。時間がたつと右のように少し濃い色に

らっきょうの甘酢漬け

カリカリと歯ごたえも好ましいらっきょう。以前は、一度塩漬けにしてから甘酢漬けにしていましたが、塩漬けにしなくてもおいしく作ることができたので、今はこの方法で漬けています。

らっきょうは泥つきで芽の出ていないものを選び、買ってきたらすぐに下ごしらえをします。放っておくと、らっきょうは生命力が強いので、あっという間に芽が伸びて品質が落ちてしまいます。

よく見かける、洗って売られているものは、水分を含んでやわらかく、歯ごたえの悪い漬け上がりになりがちです。

らっきょうは泥つきで芽が出ていない、身がぷっくりしたものを選びます

材料（作りやすい分量）

らっきょう……1kg（正味800g）

甘酢液

酢……2カップ
水……1カップ
砂糖……200g
塩……大さじ2
赤唐辛子（種を取る）……1〜2本

作り方

1 流水で泥や汚れをきれいに落とします（写真❶）。

2 ざるに上げて水気をきり、根元をぎりぎりのところで切り落とします（写真❷）。根元を深く切りすぎると、水分を含み、歯ごたえが悪くなります。芽が伸びていたら芽を切り落として（写真❸）、ある程度長さを残します。

3 薄皮をむきます（写真❹）。傷のあるところから腐ったりするので、白くきれいになるまでむきます。

4 ペーパータオルで1粒ずつ水気をふき取って保存瓶に入れます。

5 ほうろうかステンレス製の鍋に甘酢液の材料を入れて砂糖を煮溶かし、冷ましてから瓶に注ぎ入れます（写真❺）。

メモ

❖漬けて1カ月くらいして、らっきょうが沈んだら食べられます。
❖冷蔵庫で保存し、6カ月くらいで食べきります。

1

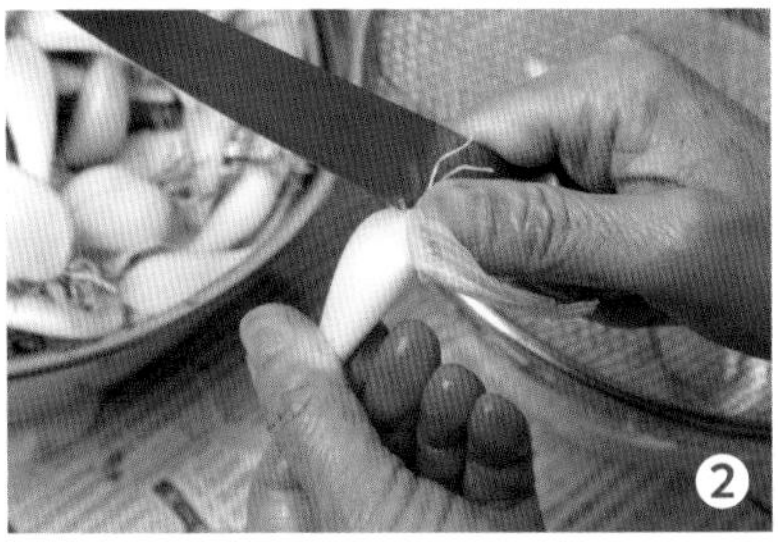
2

3

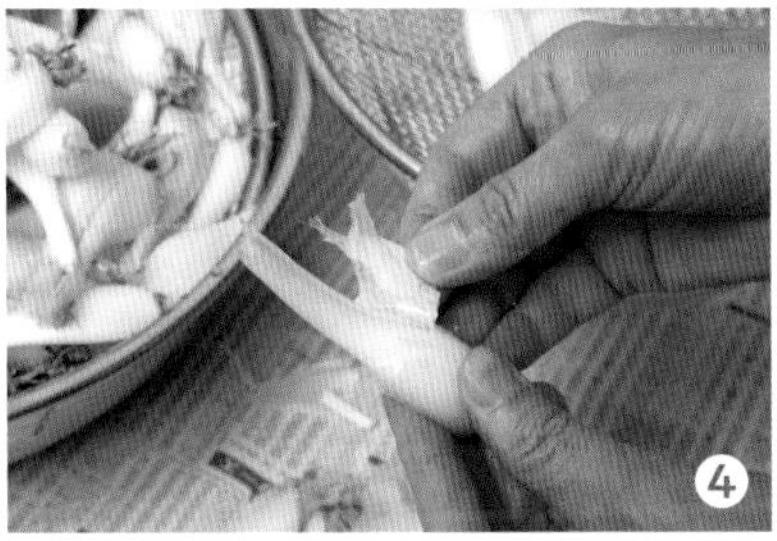
4

5

らっきょうの甘酢漬けで

らっきょうのせ焼きそば

らっきょうサラダ

メモ

❖らっきょうは、カレーの薬味以外にも活用しましょう。焼きそば（写真上）や炒め物のトッピングに、薄切りにしてたっぷりと盛れば、甘酸っぱくさっぱりした味わいです。

❖また、サラダにもらっきょうを加えると、歯ざわりがいいアクセントになります（写真下）。

　トマト1個、きゅうり1本、らっきょう8粒は食べやすい大きさに切り、ドレッシング（塩小さじ1/4　酢大さじ1/2　オリーブ油大さじ1）であえます。

❖南蛮漬けの薬味にもおすすめです。らっきょうを薄切りにして盛りつければ、さっぱりとマイルドな味わいに。

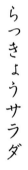

5〜6月

らっきょうの塩漬け

塩だけで漬けたらっきょうも、シンプルなおいしさがあります。お酒の肴には、甘くないらっきょうがいいようです。

材料（作りやすい分量）

らっきょう……1kg（正味800g）
塩……50g（らっきょうの重量の5%）
赤唐辛子（種を取る）……1〜2本
呼び水……1/2〜3/4カップ

作り方

1 下ごしらえしたらっきょう（19ページ、作り方1〜3参照）は、ペーパータオルで水気をよくふき取り（写真❶）、保存瓶に入れます。

2 塩、赤唐辛子を加え、ゆすって全体に混ぜ合わせます（写真❷）。

3 呼び水（塩を浸透させやすくするための水）を加え（写真❸）、ふたをして冷暗所に保管します。1日数回ゆすって混ぜ、全体になじませます。

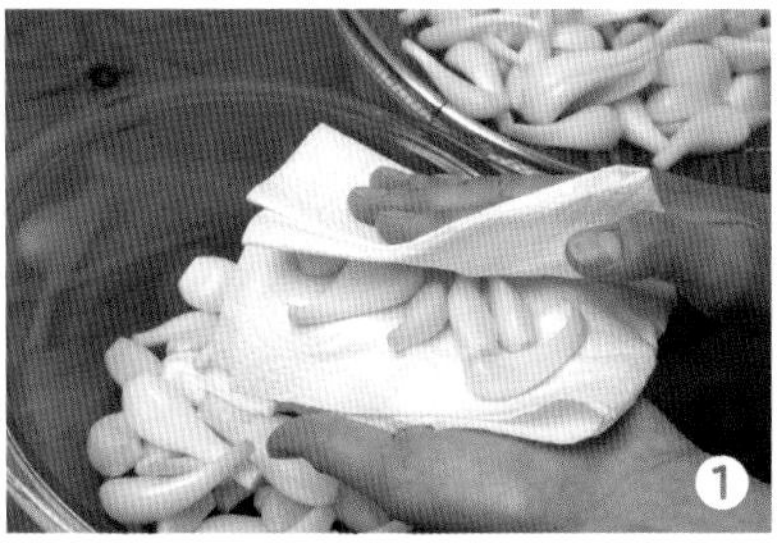

メモ

❖水が上がったら、冷蔵庫に保存したほうがいいでしょう。そのほうが歯ざわりがいいようです。

❖漬けてから2〜3週間で食べられます。冷蔵で3カ月保存可能です。

❖ガスがたまるのでときどきふたを開けてガス抜きをします。

自然の色が目にやさしいピクルスは、台所のインテリアにもなります

6〜7月

いんげんのピクルス
ミックス野菜のピクルス

細くてやわらかい、いんげんのピクルスはとてもおいしいもの。肉料理のつけあわせや、サラダに加えてもきれいです。

野菜をとり混ぜたピクルスは、彩りよく皿に盛ればサラダ代わりの一品に。

野菜不足の食卓の強い味方です。

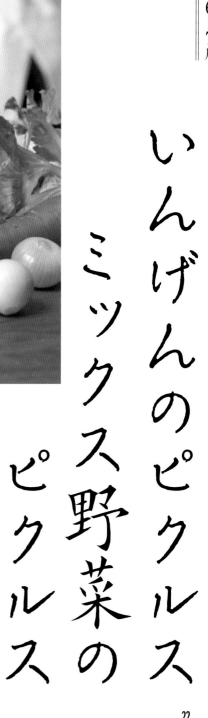

いんげんのピクルス

材料（作りやすい分量）

さやいんげん……500g

ピクルス液

酢……2カップ
水……1カップ
砂糖……大さじ4
塩……大さじ1と1/2
ローリエ……1枚
赤唐辛子（種を取る）……1本

作り方

1 鍋にピクルス液の材料を入れて火にかけ、砂糖と塩が溶けたら火から下ろし、冷まします。

2 鍋にたっぷりの湯を沸かし、塩少々（分量外）を加え、いんげんを入れてややかためにゆで、ざるに上げます（写真上）。

3 冷めたら、清潔な保存容器に入れ、ピクルス液を注ぎます。

メモ

❖冷蔵庫に保存。漬けた翌日から食べられ、3カ月くらいまでに食べきるようにします。

ミックス野菜のピクルス

材料（作りやすい分量）

小玉ねぎ……10個
にんじん……1本
セロリ……2本
にんにく……1かけ
（野菜は正味で合わせて450g）

ピクルス液

酢……2カップ
水……1カップ
砂糖……大さじ4
塩……大さじ1と1/2
黒粒こしょう……小さじ1
ローリエ……1枚
赤唐辛子（種を取る）……1本

作り方

1 小玉ねぎは皮をむき、にんじんは乱切り、セロリも乱切りにします。

2 ピクルス液はいんげんのピクルス同様に作ります。

3 清潔な保存容器に**1**の野菜とにんにくを入れ、かぶるくらいのピクルス液を注ぎます。

メモ

❖冷蔵庫に保存。漬けて4～5日で食べられ、3カ月で食べきるようにします。

❖ジッパーつきの袋で作る場合は、ピクルス液は半量でOK。空気を抜いておくと、短時間で漬かり、サラダ感覚で食べられます。少量の野菜を漬けたいときはこの方法が便利です。

❖カバー、1ページのピクルスは、黄パプリカを加えています。

漬けて2カ月後

谷中しょうがの甘酢漬けは瓶に差して、初夏の味を目でも楽しみます

6〜7月

谷中しょうがの甘酢漬け
新しょうがの甘酢漬け

6月から7月にかけて、葉つきの薄紅色の谷中しょうががお目見えします。

わが家では、これを茎をつけたまま甘酢に漬けて、コップに差し、テーブルにおいてそのままかじったり、焼き魚に添えたりして、初夏の味覚を楽しみます。

谷中しょうがは熱湯につけると、さっとピンク色に染まることから、〝はじかみ〟（はにかみ）と呼ばれるとか。ゆかしい愛称ですね。

新しょうがの甘酢漬け（右ページの写真の左側）は、おすしやさんでおなじみのガリです。これは冷蔵庫で約3カ月もちますから、おすしや焼きそば、お好み焼きなどの薬味に、作りおきしておくと便利。

ただし時間がたつにつれ、しょうがのピンク色はやや黄色っぽくなります。

谷中しょうがの甘酢漬け

材料（作りやすい分量）

谷中しょうが……30本
酢……1カップ
砂糖……大さじ4
塩……小さじ1

作り方

1 谷中しょうがは葉を落とし、茎は20cmくらい残して、根のしょうがの部分の皮を薄くむきます。

2 酢、砂糖、塩をよく混ぜ合わせて砂糖と塩を溶かし、丈の長めの瓶に入れます。

3 深めの鍋に湯を沸かし、谷中しょうがの茎を持って、根の部分5cmくらいまでを熱湯につけ、30秒そのままおきます（写真左）。引き出してすぐに**2**の甘酢の瓶に入れ、漬けます。

メモ

❖漬けてすぐに食べられます。長くおくと漬かりすぎてやわらかくなるので、歯ごたえのある1カ月くらいのうちに食べきるようにします。

新しょうがの甘酢漬け

材料（作りやすい分量）

新しょうが……300g（正味260g）
酢……1カップ
砂糖……大さじ5
塩……大さじ1/2

作り方

1 新しょうがは薄く皮をむき、繊維に沿ってごく薄く切ります（写真左下）。

2 酢、砂糖、塩をよく混ぜ合わせて砂糖と塩を溶かし、保存容器に入れます。

3 鍋に湯を沸かし、しょうがをさっとつけます。ざるに上げ、すぐに水気を絞り、熱いうちに**2**の保存容器に入れます。

メモ

❖冷蔵庫で3カ月保存できます。

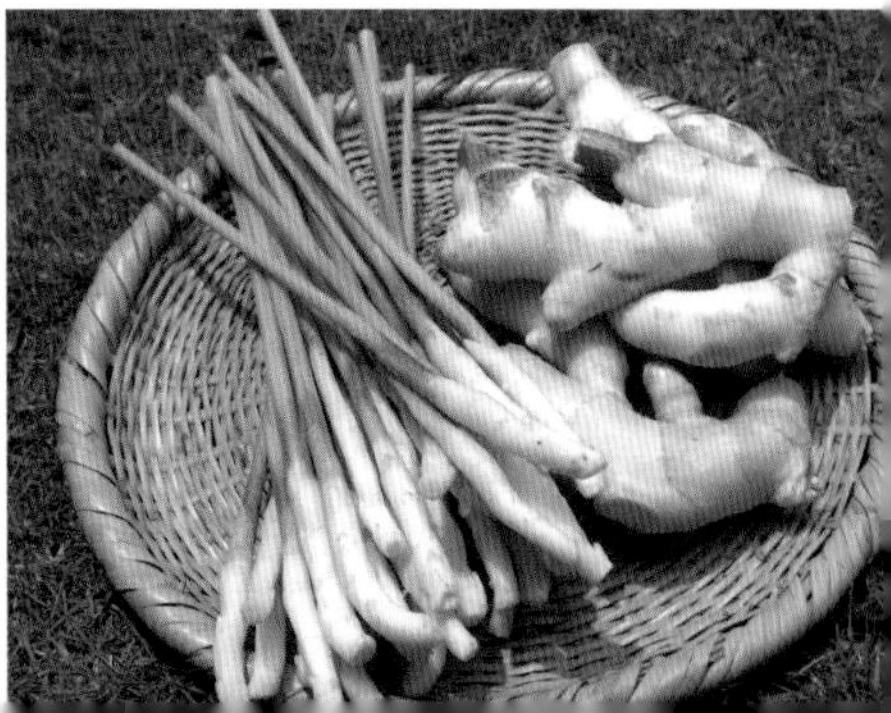

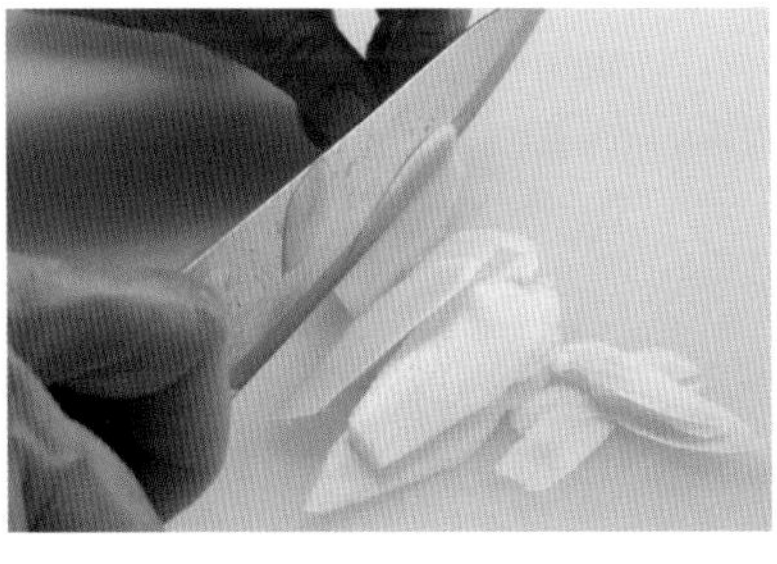

きゅうりのピクルス

6〜9月

とれたてのきゅうりがひと山いくらで買えるうれしい夏。こんなときこそ贅沢に細めのきれいなものを選んで、丸ごとピクルスにしましょう。

一晩塩漬けにして、翌日ピクルス液に漬けるだけで、長期の保存が約束されます。

ピクルスを仕込んでおくと、オードブルやサンドイッチのつけあわせに、またタルタルソースがいつでも作れるのがうれしいですね。

しかし……確かにピクルスは保存がききますが、私は漬かりすぎて、歯ごたえのなくなったものは好みません。やはり漬けて3カ月くらい、カリカリと歯ごたえのあるうちに食べきりたいのです。

スパイスはゆでた実山椒（15ページ参照）を使いましたが、こしょう、にんにく、しょうがなど、何でも好みで加えてください。市販のピクルス用スパイスは、各種ミックスされていて、便利です。

歯ごたえの残っているうちに食べきりたい

材料（作りやすい分量）

きゅうり……20本
粗塩……大さじ3

ピクルス液

酢……2カップ
水……1カップ
砂糖……大さじ3
塩……大さじ1/2
実山椒（ゆでたもの）……大さじ1
赤唐辛子（種を取る）……1本
ローリエ……2枚

作り方

1　きゅうりはよく洗ってまんべんなく粗塩をすり込み、重石をして半日（6〜7時間）おきます。保存袋に並べ入れ、バットにおいて（26ページ写真下）重石をすると、全体に効率よく漬かります。

2　ピクルス液の材料を鍋に入れて火にかけ、砂糖と塩が溶けたら、火から下ろして冷まします。
ピクルス液の割合は、酢2に対し水1が基本で、砂糖は好みで加減します。

3　塩漬けしたきゅうりはざるに上げてよく水気をきり、清潔な瓶に入れ、ピクルス液をひたひたまで注ぎます。

メモ
❖漬けて2日目くらいから食べられます。必ず液に漬かっている状態にしておき、冷蔵庫で3カ月は保存可能です。

作っておくと、とにかく便利

きゅうりのピクルスで
タルタルソース

魚のムニエルやバター焼きに、えびフライやかきフライに、タルタルソースを添えると、ごちそうっぽくなります。

材料と作り方（作りやすい分量）
玉ねぎのみじん切り大さじ3（水にさらして水気をきつく絞る）、パセリのみじん切り大さじ1、ゆで卵のみじん切り1個分、きゅうりのピクルスのみじん切り大さじ3
材料すべてをボウルに入れ、マヨネーズ½カップであえ、レモン汁少々で調味します。

きゅうりの1本漬け
きゅうりのパリパリ漬け

塩、昆布、唐辛子のお漬け物は応用のきくレシピです。きゅうりのほかにも、大根やかぶなどでもおいしいですね。菜の花はさっとゆでて、漬けるといいでしょう。野菜のおかずをもう一品、そんなときにとても便利です。

3日くらいで味がなじみ、4〜5日目くらいが食べごろです。最初は少しとがっていた味が、だんだんまろやかになっていく、味の変化も楽しいものです。

パリパリ漬けはご飯によく合う、みんな大好きな味です。市販のものより塩分は控えめで、時間がたってもしょっぱくならないように工夫しているので、ずっとおいしくいただけます。

きゅうりの1本漬け

材料（作りやすい分量）

きゅうり……5本（500g）
塩……大さじ1/2
昆布（5cm角）……1枚
赤唐辛子（種を取る）……1本

作り方

1 きゅうりは皮を縦にまだらにむきます。

2 ジッパーつきのポリ袋に1を入れ、塩をふり入れて袋の上からもみます。昆布と赤唐辛子を加え、空気を抜いて口を閉じます（写真下）。夏は冷蔵庫で漬け、他の季節は漬かるまでは常温におき、その後は冷蔵庫で保存します。

メモ

❖漬けてすぐから食べられますが、2〜3日おくと、味がなじんでよりおいしくいただけます。4〜5日で食べきります。

きゅうりのパリパリ漬け

材料（作りやすい分量）

きゅうり……5本（500g）
塩……5g（きゅうりの重量の1％）

漬け汁

しょうゆ……大さじ3
酒……大さじ2
砂糖……大さじ3
酢……大さじ1
しょうが（せん切り）……1かけ分
赤唐辛子（小口切り）……1本分

作り方

1 きゅうりは1㎝厚さの輪切りにし、ポリ袋に入れ、塩をふって30分ほどおきます。

2 鍋に漬け汁の材料を入れて火にかけ、煮立てます。

3 **1**のきゅうりの水気をふき取って加えます。

4 全体に汁気がまわるように混ぜながら2分ほど煮ます。火から下ろし、冷まします。

5 **4**が冷めたらざるに上げ、煮汁だけを鍋に戻して半量になるまで煮つめます。きゅうりを戻し入れ（写真左）、混ぜながらひと煮します。

6 冷めたら冷蔵庫で一晩おきます。この過程でパリパリとした食感になります。

7 しょっぱくならないように汁気をきって保存容器に入れ、冷蔵庫で保存します。

メモ
❖1週間ほどで食べきります。

きゅうりのパリパリ漬け

きゅうりの１本漬け

6〜7月

葉唐辛子のつくだ煮

唐辛子の実が赤くなる前に、葉を摘み取って、つくだ煮にします。独特の辛みと風味があって、病みつきになるおいしさ。

葉唐辛子は八百屋さんでは手に入りにくいので、農家や直売所で求めるようにしましょう。

材料 (作りやすい分量)

葉唐辛子……1束(正味150g)
酒……大さじ3
しょうゆ……大さじ2

作り方

1 葉唐辛子の葉は摘み取って(写真下)、きれいに洗ってざるに上げます。
2 鍋にたっぷりの湯を沸かし、葉を入れてさっとゆで、ざるに上げて水気を軽く絞ります。
3 鍋に酒としょうゆ、葉を入れて火にかけ、煮立ったら弱火にして、落としぶたをして10分くらい煮ます。途中2回くらい上下を返します。
4 ふたを取って、煮汁がなくなるまで、煮つめます。

メモ
❖ふた物に入れ、冷蔵で2〜3週間保存可能です。
❖枝に残った青唐辛子は、みそやしょうゆに漬けて楽しみましょう(109ページ参照)。

6〜9月

ピーマンのつくだ煮

山ほどのピーマンをつくだ煮にします。安くておいしくて、ピーマンの栄養がぎっしり詰まったお惣菜です。

材料（作りやすい分量）

ピーマン……500g
ごま油……大さじ1
酒……大さじ3
みりん……大さじ1
しょうゆ……大さじ2

作り方

1 ピーマンは縦半分に切って、ヘタを切り落とし、種を除いて半日ほど陰干しにします（写真下）。

2 さらに半分に切り、鍋にごま油を熱して、弱めの中火で全体に油がまわるまで炒め、酒、みりん、しょうゆを加え、落としぶたをして10分ほど煮ます。

3 ピーマンがやわらかくなったら、ふたを取り、中火にして、水分がなくなるまで煮ます。

メモ

❖ふた物に入れ、冷蔵で1週間ほど保存可能です。

しば漬け

6〜8月

お好みですが、私は市販のものはちょっと酸っぱいと感じることが多いので、マイルドな酸味のレシピを考えました。サラダ感覚で夏野菜がたくさん食べられます。

材料（作りやすい分量）

なす……1〜2個
きゅうり……3本
みょうが……3個
（野菜は正味で合わせて500g）
塩……15g（野菜の重量の3％）
赤じそ……50g（正味）
塩……10g（赤じその重量の20％）
みりん……大さじ2
酢……大さじ2

作り方

1 なすはヘタを取り除き、長さを半分に切って、縦6等分の放射状に切り、水に10分ほどつけます。きゅうりは5cm長さの縦4等分に切り、みょうがは6等分の放射状に切ります（写真❶）。

きれいな赤紫色が食欲をそそります

2　**1**をポリ袋に入れて塩をふり、野菜の重量の倍の重石をして2～3時間、水気が出るまでおきます（写真❷）。

3　赤じそは葉を枝からはずし、水に10分ほどつけて汚れを取ります（写真❸）。目立たなくても、土などがついているので、しっかりと洗います。

4　水気をふき、ボウルに入れて半量の塩をまぶしてもみ（写真❹）、出てきたアクを捨ててぎゅっと絞ります（写真❺）。再びボウルに入れて残りの塩でもみ、出てきたアクをしっかり絞ります。

5　ボウルに**4**とみりん、酢を入れて混ぜ、赤じそを箸でほぐします（写真❻）。ここでよくほぐしておくと、赤みが均一につきます。

6　**2**の野菜をぎゅっと絞って（400gくらいになる）ポリ袋に入れます（写真❼）。**5**を加えてよく混ぜ、空気を抜いて口を結び、野菜の重量と同量の重石をして2～3日常温におき、発酵させます（写真❽）。たまに上下を返して、まんべんなく混ざるようにします。ポリ袋がふくらんできたら出来上がり（写真❾）。

瓶で漬けると、泡が出てくるのが見えるので、より発酵していく感じがわかります（写真❿）。

メモ
❖ここでは野菜の重量の３％の塩で漬けているので、冷蔵庫に入れ、１週間くらいで食べきります。塩を５％に増やせば、保存性も高まり、色もより鮮やかに仕上がります。

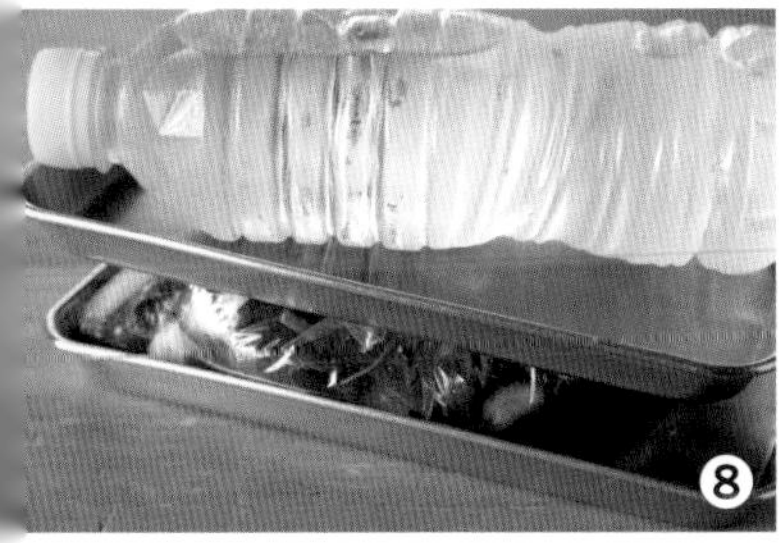

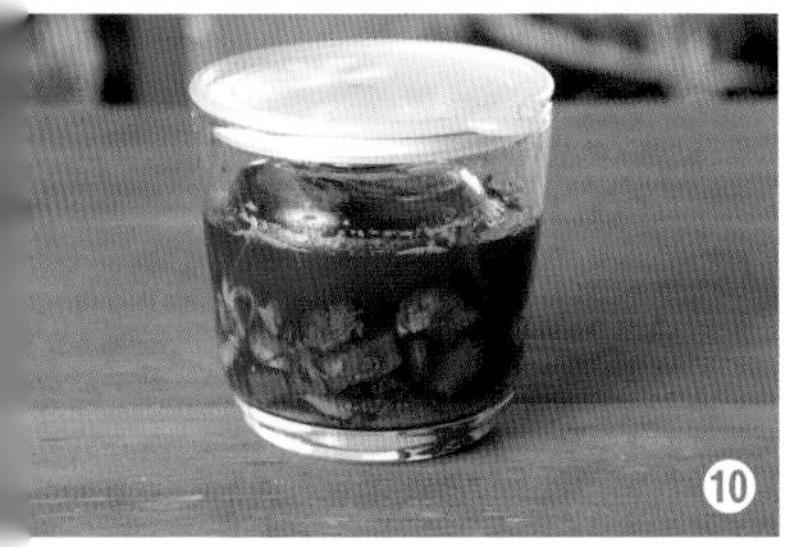

6～9月

なすの辛子漬け

なすと辛子に酒粕が加わり、おいしさの決め手になっています。

材料（作りやすい分量）

なす……5個（500g）
塩……15g（なすの重量の3%）
漬け調味料
酒粕……50g
練り辛子……大さじ1
砂糖……大さじ2と1/2
薄口しょうゆ……小さじ1
みりん……大さじ1
塩……ひとつまみ

作り方

1 なすはヘタを取り、乱切りにして水に10分ほどつけてアクを抜きます。水気をよくきって、ポリ袋に入れ、塩を加えて袋ごと振って全体にいきわたらせ、空気を抜いて口を閉じ、なすの重量の倍の重石をして冷蔵庫に一晩おきます。

2 ボウルに酒粕を入れ、ラップなしで電子レンジで約20秒加熱します。

3 粗熱をとり、練り辛子、砂糖、薄口しょうゆ、みりん、塩を入れ、酒粕の粒がなくなるまでよく混ぜ合わせます。

4 **1**のなすの水が上がったら、ざるに上げて水気をきり、さらにペーパータオルでふき取ります。

5 ポリ袋に入れ、**3**を加え、よく混ぜ合わせます。

メモ
❖冷蔵庫で保存します。漬けて半日くらいで食べられ、1週間ほどで食べきります。
❖練り辛子の代わりに粉辛子を使うと、辛みがより立ち、色もきれいに仕上がります。

みょうがの甘酢漬け

酢の力できれいなピンク色に仕上がります。

材料（作りやすい分量）

みょうが……15個（300g）

甘酢

酢……1カップ
水……1/2カップ
砂糖……80g
塩……大さじ1/2

作り方

1 みょうがは洗ってざるに上げ、水気をきり、縦半分に切ります。

2 鍋に甘酢の材料を入れ、火にかけて砂糖と塩を溶かし、火から下ろして冷まします。

3 鍋にたっぷりの湯を沸かし、**1**のみょうがを入れ、すぐにざるに上げます（写真下）。

4 みょうがが熱いうちに清潔な保存瓶に入れ、**2**の甘酢をひたひたになるまで注ぎます。熱いうちに漬けると、味がしみやすくなり、色も鮮やかになります。

5 完全に冷めたらふたをして冷蔵庫で保存します。

メモ

❖2週間ほどで食べきります。

9～11月／通年

きのこのしょうゆ漬け

いろいろなきのこを漬け込んでおくと、それがあるだけでなんだかリッチな気分になります。あたたかいご飯にのせていただいたり、きのこそばにしたり、きのこチャーハンにしたり、いつもとひと味違うメニューが楽しめます。

きのこはゆでるより電子レンジにかけたほうが、風味が逃げません。

お好みのきのこでどうぞ

ダイエット派にうれしい低カロリーのきのこ。お好きなだけ召し上がれ

材料（作りやすい分量）

きのこ（しめじ、えのきたけ、まいたけ、生しいたけなど）……合わせて500g（正味）

漬け液

しょうゆ……大さじ3

みりん……大さじ1

酢……大さじ1

にんにく（薄切り）……1かけ分

赤唐辛子（種を取る）……1～2本

作り方

1 きのこは石づきを切り落とします。しめじ、まいたけはほぐし、えのきは2～3等分の長さに切ってほぐし、しいたけは5㎜厚さに切ります。

すべてを耐熱容器に入れ、ラップをして電子レンジに5分～5分30秒かけます。

きのこから水分が出ますが、これにはうまみがたっぷり。捨てずに使います。

2 ボウルに漬け液の材料を入れて混ぜ、**1**のきのこが熱いうちに注ぎ入れて混ぜます。粗熱がとれたら、保存容器に移します。

メモ

❖漬けてすぐに食べられます。冷蔵庫で1週間は保存できます。

きのこの力でおいしさ倍増

きのこのしょうゆ漬けで

きのこそば

即席のおそばも、上等の夜食に変身。

材料と作り方（2人分）

ゆでたそば2人分、だし汁3カップ、しょうゆ大さじ3、みりん大さじ2、きのこのしょうゆ漬け適量、長ねぎ細切り¼本分、七味唐辛子少々

だし汁にしょうゆ、みりんを加えて煮立てます。丼にゆでたそばを入れ、汁を注ぎ入れます。きのこのしょうゆ漬けをのせ、ねぎを散らし、七味唐辛子をふります。

11〜2月

冬野菜のピクルス

さっくりと歯ごたえのいい冬野菜をピクルスにします。冬場の野菜不足に役立ちますよ。

冬が旬のかぶや大根で作ってもいいですね。パプリカや紅芯大根なども加えれば、色がきれいで、見た目にもおいしそうな仕上がりに。常備菜としていつもあると食卓が豊かになります。

ソーセージなどのこってりとした肉料理に添えると、栄養だけでなく、味のバランスもよく、おいしくいただけます。

ピクルス液の酢と水の割合は、前出のきゅうりやミックス野菜と同じ2対1です。スパイスはお好みで加えてください。

材料（作りやすい分量）

れんこん……2節（250g）
カリフラワー……1/2個（250g）
にんじん……1本（200g）
（野菜は正味で合わせて600g）

ピクルス液
酢……3カップ
水……1と1/2カップ
砂糖……大さじ5

塩……大さじ2
ローリエ……1枚
黒粒こしょう（砕く）……小さじ1
赤唐辛子（種を取る）……1〜2本
タラゴン……小さじ1
クローブ……2〜3本
マスタードシード……小さじ1

作り方

1 れんこんは皮をむき、1cm厚さの輪切りか、太いものは半月切りにし、熱湯に酢と塩少々（分量外）を加えてカリッと歯ごたえを残すように1分ほどゆで（写真❶）、ざるに上げて流水でぬめりを取ります。カリフラワーは小房に分け、にんじんは長めの乱切りにします。

2 ピクルス液の材料を鍋に入れ、ひと煮立ちさせ、冷まします（写真❷）。

3 野菜を保存瓶に入れ、ピクルス液を野菜がかぶるまで注ぎ入れます。

メモ

❖漬けて翌日から食べられます。

❖漬かりすぎると酸っぱくなり、歯ごたえも悪くなるので、3カ月くらいで食べきるようにしてください。また最近は、暖房完備で室温も高めになっていますので、冷蔵庫に保存します。

ソーセージや肉料理のつけ合わせに重宝

大根の漬け物四種

寒さがつのるごとに、やわらかく甘みの増す旬の大根。歯ごたえも好ましい冬ならではの漬け物を作ります。

辛子じょうゆ漬け

材料と作り方

大根……1本（1kg）、粗塩……大さじ1/2、**A**〈しょうゆ……大さじ5、酢……大さじ2と1/2、練り辛子……大さじ1〉

1 大根は皮をむき、4cm長さ、1.5cm角の拍子木切りにし、ボウルに入れて塩をふり、お皿をのせて2時間ほどおきます。

2 しんなりしたらざるに上げて、水気をよくきります。ボウルに**A**の調味料を入れてよく混ぜ合わせ、大根を入れ、漬け込みます。

もっと少ない分量で作るときは、保存袋に入れて、調味料は少なめにし、密閉して冷蔵庫で漬けます。こうすると早く漬かります。

メモ

❖漬けてからすぐ食べられ、歯ごたえのいい2〜3日のうちに食べきります。

べったら漬け

材料と作り方

大根……1本（1kg）、粗塩……30g（大根の重量の3%）、**甘酒**〈やわらかいご飯……80g、麹……50g、水……150mℓ〉、**A**〈砂糖……40g、塩……小さじ1/2、昆布（3cm角）……1枚、赤唐辛子（種を取る）……1/2本〉

1 大根は皮をむいて長さを半分（容器に入る長さ）に切り、縦2つ割りにします。ジッパーつきのポリ袋に入れ、塩をふり入れて空気を抜き、口を閉じます。2kgくらいの重石をして、水が上がってくるまで3日ほど室温におきます。

2 大根漬けが完了する前日に麹床用の甘酒を作ります。炊飯器の内釜にご飯と分量の水を入れ、ほぐした麹を加えます。ふきんをかぶせて炊飯器のふたを1cmほど開け、保温モードにセットして55～60度を保ちながら、途中2～3回混ぜて、8～10時間おきます。とろりとして、甘い香りがしてきたら出来上がり。粗熱をとります。

3 **1**の大根をボウルに入れ、たっぷりの水に2時間ほどつけて塩抜きをします。

4 麹床を作ります。ジッパーつきのポリ袋に**2**の甘酒と**A**を入れて混ぜます。**3**の大根の水気をしっかりきって加え、空気を抜いて口を閉じ、軽めの重石（300gくらい）をして、冷蔵庫で4～5日漬けます。

メモ
❖2週間ほどで食べきります。

焼酎漬け

材料と作り方

大根……1本（1kg）、**A**〈粗塩……大さじ1、砂糖……80g、酢……大さじ2〉、焼酎……大さじ2

1 大根は皮をむいて先の細い部分はそのまま乱切りにし、根元の太い部分は縦4等分に割って大きめの乱切りにします。

2 ジッパーつきのポリ袋に大根と、**A**の調味料を入れてよくもみ、さらに焼酎を加えてもみ、冷蔵庫に入れてときどきもみながら、1日漬けます。

メモ
❖1週間ほどで食べきります。

はりはり漬け

材料と作り方

大根……1本（1kg）、切り昆布……5g、**A**〈しょうゆ……大さじ2、酢……大さじ2、砂糖……小さじ1、赤唐辛子（種を取る）……1本〉

1 大根は1～2cm厚さのいちょう切りにし、ざるに広げ2～3日、しんなりするまで干します。干すと200～250gになります。

2 ジッパーつきのポリ袋に**1**を入れ、3～4cm長さに折った切り昆布と**A**を加えてもみ、2～3時間常温におき、その後、冷蔵庫で保存します。

メモ
❖漬けて2～3時間後から食べられ、2週間ほどで食べきります。

通年

福神漬け

やや浅漬け風味の歯ごたえのある福神漬け

七福神にちなんで7種類の野菜を使うことから福神漬け。おめでたい名前も気に入って、わが家では親の代から自家製です。

作ってからまもなくは、しゃきしゃきしてサラダ感覚で食べられますし、少し時間がたつと、味がなじんで福神漬けらしいおいしさです。

材料（作りやすい分量）

なす……2個
れんこん……100g
にんじん……1本（150g）
きゅうり……2本
大根……300g
しょうが……1かけ
穂じそ……4～5本
塩……野菜全重量の3％
酢……大さじ2

A
しょうゆ……2/3カップ
酒……大さじ2
砂糖……大さじ5

作り方

1 なす、れんこん、にんじん、きゅうりはいちょう切り、大根は太さにより6～8等分にして薄切り、しょうがはせん切り、穂じそはしごき、すべてをボウルに入れ、塩をして軽くもみ、水が出るまで20～30分おきます。

しんなりしてきたら、しっかり水気を絞ります（写真❶）。

2 小鍋に**A**の調味料を煮立て、火を止めてから野菜のボウルに加えます。ざっとかき混ぜてから、野菜をざるに上げ（写真❷）、漬け汁を再び小鍋に戻して煮立てます。火を止めて粗熱がとれたら酢を加えます。これで漬け汁の出来上がりです。

3 保存容器に野菜を入れ、冷めた漬け汁を注ぎ入れます。

メモ

❖冷蔵庫に保存し、3日後から食べられます。1カ月ほどもちますが、取り出すときは清潔なスプーンを使い、雑菌が入らないように気をつけましょう。

通年

しいたけ昆布

わが家では、だしをとったあとの昆布は冷凍しておき、しいたけ昆布にリサイクルしています。

材料（作りやすい分量）

昆布（だしをとったあと）……400g
干ししいたけ……10枚
しいたけのもどし汁＋水……2カップ
酒……1カップ
酢……大さじ2
しょうゆ……1カップ
みりん……2/3カップ
砂糖……3/4カップ

作り方

1 干ししいたけは約1カップの水でもどし、水気を絞り、6等分の放射状に切ります。もどし汁はとっておきます。
昆布は2～3㎝四方に切ります。

2 厚手の平鍋に昆布としいたけ、もどし汁と水を入れ、酒を加え、ひたひたくらいにします。もし昆布が顔を出すようだったら、水を足します。
中火にかけ、煮立ったら酢を加え、落としぶたをして、弱めの中火で40分ほど煮ます。

3 昆布がやわらかくなったら、しょうゆとみりんの1/2量を加え、落としぶたをして20分くらい煮ます。残りのしょうゆとみりん、砂糖を加え、落としぶたをして10分ほど煮たら、落としぶたをはずし、中火で水分を飛ばすように煮つめます。煮汁が少し残るくらいで火を止めます。

メモ
❖ふた物に入れて冷蔵庫で保存し、2週間ほどで食べきります。

果物の保存食と作りおき

甘夏の皮の砂糖煮

3〜5月

甘夏や夏みかん、ザボンなど肉厚の皮を利用して、砂糖煮（オレンジピール）を作ります。

煮ては冷ましをくり返し、3日ほどかけてやわらかく煮上げます。手間はかかりますが、苦みのきいたオレンジ風味は、極上の味わい。コーヒーのお供や、ウイスキーのおつまみに喜ばれることうけあいです。フルーツケーキにも、ピールの苦みは欠かせませんね。

材料（作りやすい分量）

- 甘夏の皮……3個分（300g）
- グラニュー糖……450g（皮の1.5倍）
- 水……2カップ（ひたひたくらい）

作り方

1 1日目。甘夏はよく洗います。ワックスのかかっているものは熱湯をかけて洗います。

2 表皮に縦に均等に4カ所切り

時間をかけて煮ることで、やわらかな仕上がりに

目を入れて皮をはがし、むいた皮を、さらに4つに切ります。

3 たっぷりの湯を沸かして皮を入れ、2～3分湯がいて（写真❶）ざるに上げます。これを3回くり返し、甘夏のアクや苦みを抜きます。

4 鍋に皮、グラニュー糖の1/3量を入れ（写真❷）、分量の水を加えて煮立て、クッキングペーパーに穴を開けた落としぶたをして（写真❸）中火で20分ほど煮ます。途中、皮が顔を出すようなら、水を足します。そのまま一晩おきます。

5 2日目。グラニュー糖の1/3量を入れて中火にかけ（写真❹）、煮立ったら少々煮て火を止め、そのままおきます。

6 3日目。残りのグラニュー糖を入れ、2日目と同様に煮ます。
最後はやや煮つめ（写真❺）、ざるに上げ、冷まします（写真❻）。

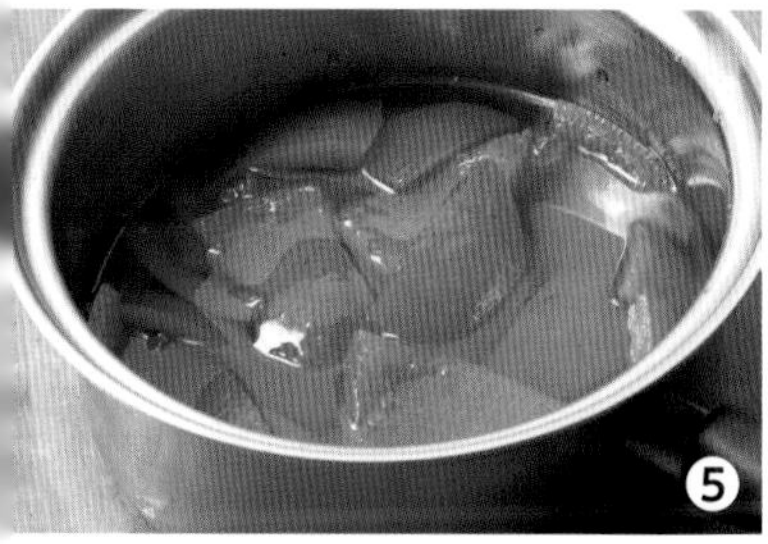

7 水気をペーパータオルで軽くふき取って（写真❼）、グラニュー糖適量（分量外）をまぶしつけます（写真❽）。

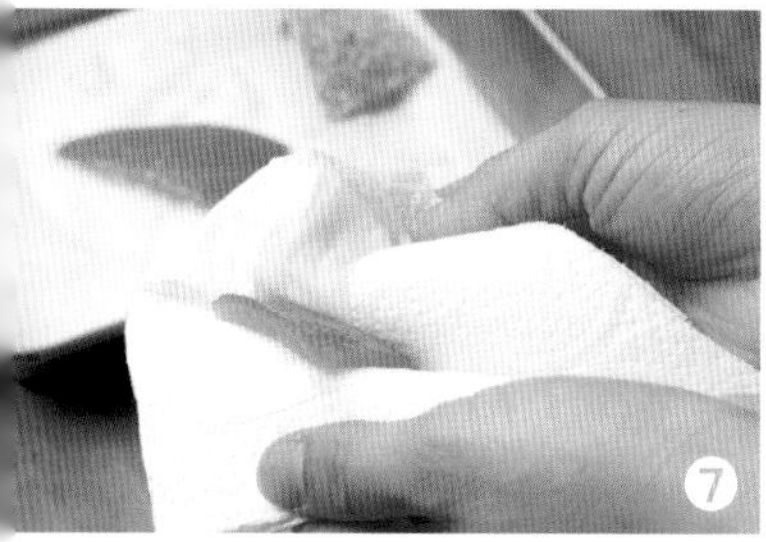

メモ

❖密閉容器に入れ、冷蔵庫で保存します。半年はもちます。

❖砂糖煮やマーマレードは、皮の内側の白いワタの部分が苦みととろみをつけるので、なるべく多くつけてむきます。

❖砂糖煮を細く切って、湯煎で溶かしたチョコレートにくぐらせ、乾燥させれば、高級菓子のオランジェットです。この場合チョコレートはビターを使用します。

甘夏のマーマレード

3〜5月

甘夏やいよかん、オレンジの皮で作ります。捨てられる皮でおいしいマーマレードができるのですから、一度これを作った人は、「皮が捨てられなくなった」と言います。そういえば私の母も、夏みかんを食べるたびに皮を冷蔵庫にしまい込んでいました。

栄養的にも、皮の養分が丸ごととれるマーマレードは、安価で、すぐれた健康食品です。

飲み物に入れたり、ヨーグルトに添えて、おいしくビタミンCをとりましょう

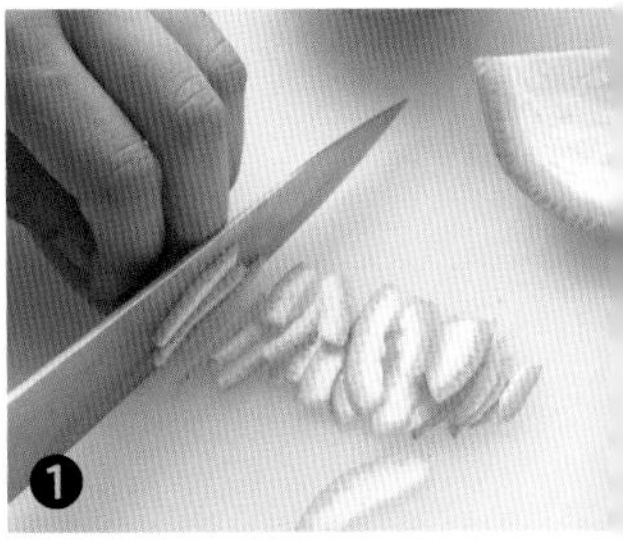

材料（作りやすい分量）

甘夏の皮……3個分（300g）
甘夏の果肉……1個分（約200g）
グラニュー糖……500g
（皮と実の合計と同量）

作り方

1 甘夏は46ページからの砂糖煮同様によく洗い、切り目を縦に均等に4本入れて皮をむき、さらに1片を2つに切ってから薄切りにします（写真❶）。

2 鍋にたっぷりの湯を沸かし、皮を入れ、再び煮立ってから1分ほど湯がき、ざるに上げ、水気をきります（写真❷❸）。

3 **2**を鍋に入れ、甘夏の果肉をほぐして入れ、グラニュー糖も入れ（写真❹）、水3カップを加えて強火にかけます（写真❺）。

4 煮立ったら弱めの中火にして、ときどき木べらでかき混ぜながら約30分煮ます（写真❻）。かさが半量くらいになり、つやが出て、濃度がついてきたら完成です。熱いうちに煮沸消毒した瓶に詰め（88ページ参照）、逆さまにおいて冷まします。

メモ

❖冷蔵庫で保存し、2カ月くらいで食べきるようにしてください。

❖残った果肉は、スカッシュにしましょう。果肉に重量の1/3量の砂糖をふりかけて冷蔵庫に一晩おきます。これを冷たい水や炭酸水で割っていただくと、暑い日に最高に美味！

4〜6月

いちごのシロップ

シロップは3倍量の水または炭酸水で割っていただきます

いちごに砂糖をまぶし、時間をかけてエキスを浸出させたものがシロップ。加熱して煮つめる手法もありますが、私は1週間ほどかけて自然に砂糖が溶けるのを待ち、こして保存します。

これを作っておけば、夏の暑い日に炭酸水で割ったり、かき氷にしたり。また、ゼリーやシャーベットを作ったりと、とても重宝します。

よく冷やしたシャンパンで割ると、色がきれいで、見た目も涼しげで、夏のおもてなしに喜ばれます。

シロップ作りの1週間は、部屋中にいちごの香りが立ち込め、美しいルビー色の液体がたまっていくのを見るたび、幸せな気分になります。

材料（作りやすい分量）

いちご……600g（2パック）
グラニュー糖……600g
レモン汁……大さじ1〜2

作り方

1 いちごは洗ってざるに上げ、よく水気をきってヘタを取り、熱湯消毒したボウルに入れます。
　そこへグラニュー糖とレモン汁を加え、ざっと混ぜ合わせます。

2 ボウルに清潔なガーゼをかぶせてゴムで留め（写真❶）、冷暗所に1週間ほどおきます。その間、1日1〜2回、きれいな木べらでかき混ぜます（写真❷）。

3 1週間たってグラニュー糖がすっかり溶けたら、ガーゼを二重にしてこします（写真❸）。
　こしたシロップは煮沸消毒した瓶に入れ、ふたをします。

メモ

❖冷蔵庫に保存し、できれば夏くらいまでに使いきりましょう。
❖こしたあとのいちごは、新しいいちご1パックを加えて、レモン汁と砂糖を足して煮つめ、ジャムにします。

いちごのシロップで

いちごゼリー

材料と作り方（3〜4人分）

1 粉ゼラチン1袋（5g）は水大さじ2で5分ほどふやかします。

2 小鍋に水50㎖を入れ、沸騰したら火を止めて、**1**のふやかしたゼラチンを加え、溶けるまで混ぜます。いちごシロップ1カップを加え、さらに混ぜます。

3 **2**をバットに流し、粗熱がとれたら冷蔵庫に入れ、冷やし固めます。

いちごジャム

4〜6月

いちごは一年中出回っていますが、4〜6月ごろに出回る小粒の露地物が味も香りもよく、ジャム作りや50ページのシロップにも適しています。お値段も手ごろなので、この時期こまめに作ってプレゼントにすると喜ばれます。

　コツは中火で、手早く煮上げること。時間をかけるほど酸化して、色が悪くなります。一度に作る量は600gくらいまでとし、鍋は酸に強いほうろうかステンレス製のものを用います。

小粒の露地物がおすすめ

一気に煮上げて鮮やかなルビー色に仕上げます

材料（出来上がり500g）

いちご……600g（2パック）
グラニュー糖……200g
レモン汁……大さじ1/2〜1

作り方

1 いちごは洗ってヘタを取り、鍋に入れてグラニュー糖をまぶし、10分ほどおきます（写真❶）。

こうすることによって砂糖がいちごに浸透し、早く煮えます。

2 鍋ははじめ弱火にかけ、水分が出てきたら中火にして、ときどき木べらで混ぜながら（写真❷）、煮立ったら弱めの中火で約20分かけて煮上げます。

火にかけて4〜5分で大きく泡が立ちますが、さらに3〜4分たつと泡が落ち着きます。そこで出てきたアクをお玉ですくい取ります（写真❸）。

アク取りは適当で大丈夫です。よくアクをすべて取りきらないと気のすまない人がいますが、それではせっかくのジャムが目減りしてしまいます。

3 濃度を見ながら煮つめていき、つやが出てトロリとしてきたらレモン汁を加え（写真❹）、火を止めます。煮始めから半量くらいになったところが目安です。熱いうちに煮沸消毒した瓶に詰め（88ページ参照）、逆さまにおいて冷まします。

メモ
❖冷蔵庫で保存し、2カ月くらいで食べきります。

1

2

3

4

ふっくら大粒の梅干しは手作りならでは

6〜7月

梅干し

梅干しは保存食作りのなかでも、大物というか別格扱いされているようです。初めてチャレンジする人は、「たいへんそう。何日もかかるんでしょ」とかなり緊張気味です。

でも心配ありません。梅を塩漬けする→水が上がったら赤じそに漬ける→天日に干すという手順をきちんと踏めば、誰にでも失敗なくできます。

そのプロセスには全部意味がありますので、手を抜かず、きっちりとやってください。そして手順を踏むことによって、梅干しという知恵のある食品が生まれくるわけがわかります。

市販品には、このような手間ひまをかけずに作られたものが多く、それらには「要冷蔵」と記されています。常温で何年でももつのが梅干しであり、防腐効果こそが梅干しの最大の特徴なのですが。

梅干しの主な効用は、

・殺菌作用があり、食中毒を防ぎ、胃腸を守る

・天然のクエン酸が含まれ、疲労回復、老化防止に役立つなどです。

梅雨から夏にかけては、食あたり、下痢、夏バテ、疲労などの症状に悩まされるとき。本物の梅干しを手作りして、梅力で夏のトラブルを乗り越えましょう。

〈準備〉

＊梅干し用の梅は、黄色から赤みがかった完熟梅を用います。青梅のあと、6月中旬ごろから出回ります。大粒でよく熟した、甘い香りのする南高梅がおすすめです。もちろん自家産でもよく、採った梅がまだ熟し足りないようだったら、ざるに広げて直射日光の当たらないところに2〜3日おきます。

＊塩は梅にからみやすい粗塩が適しています。塩分は梅の重量の15％としました。最近は減塩ブームで、塩分を控えた梅干しがもてはやされていますが、塩分が少ないと、かびる心配があります。塩という保存料で漬けているからこそ、常温で何年ももつのです。

＊漬ける容器は、塩や酸に強い陶製のかめやほうろう製を用意します。容積は漬ける梅の倍量が必要です。2kg用とか3kg用などと表示がありますので、確認して求めます。

＊塩漬けするための重石は、やはり塩や酸に強い陶製やポリエチレン製を。重量は漬ける梅と同じものを2つ用意します。

＊押しぶたは手ごろな大きさの皿を選んでおきます。

＊これらの道具類は、すべて熱湯をかけて消毒しておきます。さらに焼酎をふりかけるなり、焼酎で湿らせた布でふいておけば、完璧です。

＊スケジュールは例年であれば、おおよそ次のとおりです。この期間は梅に心を寄せて、旅行などは控えましょう。

・6月中旬に塩漬けし、1週間くらいで水が上がる

・6月末から7月初めにかけて赤じそに漬ける

・7月20日ごろ梅雨が明けたら土用干しをする

梅干し作りは期間が長いため、出来上がったときの達成感は格別のものがあります。成功したら大きな自信につながるでしょう。

〈塩漬けする〉

材料（梅3kg分）

〈塩漬け〉
黄梅……3kg
粗塩……450g（梅の重量の15％）
ホワイトリカー……1/4カップ

1 梅は流水でよく洗い、傷のあるものや斑点のあるものは取り除きます。傷はカビの原因となるからです。

2 ざるに上げて水気をきり、さらに乾いたふきんで一つ一つ水気をふき取り、竹串でなり口のヘタを取り除きます（写真❶）。

3 塩をふたつかみほど取り分けておきます。

熱湯消毒した容器に塩をひとつかみふり入れて、梅をきっちりと隙間のないように一つ一つ詰めていきます。次に梅のなり口をふさぐように塩をふり（そこからかびやすいので）、1段ごとに全面に塩をまぶします。これをくり返し行い、最後に取りおいた塩を回しかけます（写真❷）。

4 カビ防止のため、全体にホワイトリカーを回しかけ（写真❸）、消毒した皿を押しぶたにして、その上から梅の重量の2倍の、これも消毒した重石をのせます（写真❹）。

5 ホコリが入らないよう新聞紙などで覆い、ひもでしばって風通しのいい、冷暗所におきます。

6 4～5日で水が上がります（写真❺は水が上がった状態）。

水が上がったら重石を半分に減らし、このまま赤じそが出回るまで待ちます。この上がった水を白梅酢といいます。

〈しそ漬けする〉

赤じそは葉が細かく縮れ、表、裏とも赤いものを選びます。6月下旬に出回り始めるので、買い求めたら、クタッとしないうちにすぐに作業にとりかかります。

材料（梅3kg分）

〈しそ漬け〉
赤じそ……3束（正味250g）
粗塩……50g（赤じその重量の20%）

1 赤じその葉を摘み取り、重さを量り、しその重量の20%の塩を用意します。ボウルに入れて何回か水を替えてよく洗います（写真❶）。ざるに上げてよく水気をきります。

2 大きめのボウルに葉を入れ、塩の半量をふって（写真❷）全体にからめ、しばらくおいて葉がしんなりしてきたら、強くもみます。アクの強い汁が出てきますから（写真❸）、葉をきつく絞って取り出し、汁を捨て、ボウルをきれいにします。

3 ボウルに葉を戻し、再び残りの塩をふって（写真❹）、同様にもみ、さらに出てきたアク汁を捨てます。

赤じそは新鮮な品質のいいものほど発色がいい

4 きれいなボウルに絞った葉を入れ、56ページの塩漬けで上がった白梅酢を1/4カップほどお玉ですくい取り、葉に加えます（写真❺）。葉をほぐしていくと、みるみる白梅酢が鮮やかな赤じその色に染まります。ここで赤く染まった梅酢が「赤梅酢」です。

赤梅酢は瓶に取り分けて、しそと梅の風味豊かな調味料として利用します。酢の物や肉の臭み消しに、色もきれいで使いでがあります

5 赤じそを塩漬けした梅の上にかぶせるようにのせ、赤梅酢を回しかけます（写真❻）。また、葉がかたまらないように箸で整えます（写真❼）。

6 押しぶたをして、重石ははずし、容器のふたをして、このまま梅雨の明けるまで冷暗所におきます。

途中、万が一梅や漬け汁にカビが出たら、その部分を熱湯消毒したお玉で取り除き、焼酎を吹きかけます。容器も焼酎で湿らせたペーパータオルできれいにふき取ります。

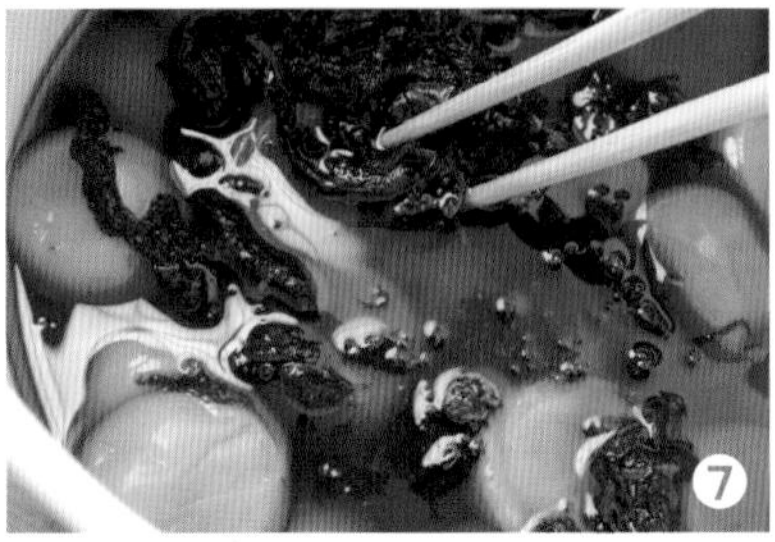

〈土用干しする〉

梅雨が明けるといよいよ土用干し。梅干し作りで、もっともわくわくする瞬間です。朝からカッと真夏の太陽が照りつけたら準備し、3日3晩天日干しします。

1日目。赤く染まった梅を箸で取り出して、一つ一つ大きな平ざるに並べていきます（写真❶）。しそも水分をきって広げます。

日当たりがよく、風通しがいい場所を選んで、朝から干します。昼ごろ、梅の表面が乾いてきたら裏返し、むらなく乾かします。夕方になったらざるごと室内に取り込みます。

2日目も同様に天日干しします。

夜は取り込みます。

3日目はそのまま夜通し外において、夜露に当てます。

最後の日には、漬け汁の赤梅酢も容器ごと天日に当てて消毒します（写真❷）。

この間、雨にだけは気をつけて。晴天が続かない場合は、室内において待ち、晴れたら干します。連続でなくても3日3晩天日に当てればいいのです。

干し上がった梅は、そのまま保存するなり（写真❸）、再び漬け汁に戻し、赤梅酢に漬けた状態で保存します。どちらがいいかは好みです。

しそは、ゆかりにする分を除いて梅と一緒に保存します。

メモ

❖完成した梅干しは、いくら防腐作用があるとはいえ、できるだけ風通しのいい冷暗所で保管します。マンションなどで適当な収納場所のない方は、冷蔵庫もやむをえません。保存期間は何年でも。

❷

❸

土用干しした赤じそで

ゆかり

自家製は格別なおいしさです。

材料と作り方

土用干しした赤じそは、ざるに広げてさらに2〜3日、バリバリになるまで乾燥させ、フードプロセッサーにかけて粉末状にします。さらに細かくしたい場合は、すり鉢であたります。

メモ

❖冷暗所において3カ月。冷蔵庫なら1年でも日もちします。

梅酒

1年おくと琥珀色に。梅も一緒におしゃれなグラスに入れて、食前酒にどうぞ

雨にぬれた青梅のあおあおと美しいこと。毎年のことながら梅酒作りは梅雨時の喜びです。

梅酒人気はますます盛んで、最近は定番の焼酎漬けばかりでなく、日本酒、ブランデー、シェリー酒などに漬けたり、砂糖も黒糖を用いるなど、バラエティーに富んでいます。

私も焼酎のほかにブランデー、シェリー酒、それと焼酎の黒糖漬けにチャレンジしてみました。

みなさんも、いつもと違う梅酒を試してみませんか。作り方はどれも同じ。加えるお酒と砂糖が異なるだけです。

漬ける瓶は、熱湯できれいに洗って、逆さにして乾かしておきます。焼酎で内側をふけばより安全。煮沸消毒は、耐熱でない保存瓶の場合、割れることがあります。

材料（作りやすい分量）

青梅……500g
氷砂糖……250～400g
ホワイトリカー……900mℓ

作り方

1 梅はきれいに洗います（写真❶）。

2 水気をきって、竹串でなり口のヘタを取ります（写真❷）。

3 清潔なペーパータオルで水気をふき取ります（写真❸）。

4 まず梅、次に氷砂糖と交互に入れて（写真❹）、ホワイトリカーを静かに注ぎます。

メモ

❖冷暗所にて保管し、梅の実は1年は入れておきます。2～3カ月で飲めますが、半年から1年おくと熟成してまろやかな味わいに。

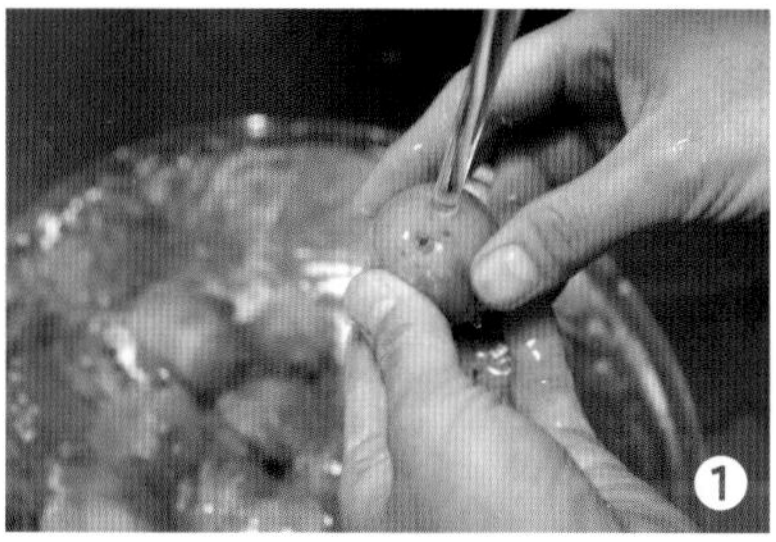

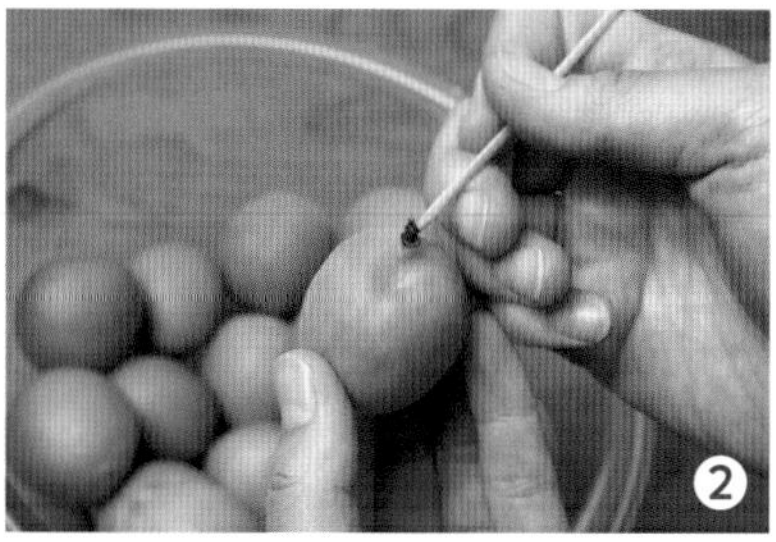

ブランデー漬け

半年たった梅酒たち。十分おいしくいただけます

梅酒いろいろ

果実酒用のお酒は、従来、果物の風味を生かすため、クセがなく、アルコール度数の高い、蒸留酒が適しているとされてきました。

最近は、ホワイトリカー以外のお酒を使うことも増えてきましたが、酒税法により、一般の消費者が自分のために作る梅酒には、アルコール度数20度以上のお酒を使うことが定められています。

ブランデー漬け

ブランデーは梅酒用の度数の高いものを使いました。梅500gにブランデー500㎖、氷砂糖250gを加えます。

シェリー酒漬け

ドライシェリーを使いました。梅500gに「ティオ・ペペ」750㎖、氷砂糖250gを加えます。

黒糖漬け

黒糖独特の風味があって、氷で割っていただくと、ひと味違うおいしさ。梅500gにホワイトリカー900㎖、黒糖250gを加えます。

6〜7月

しそジュース

色がきれいなので、誰もがグラスを日にかざして見惚れます

しそがアレルギーに〝効く〟というので、娘のために作り始めました。1年分作って冷蔵庫に保存し、夏はシャンパンや白ワイン、氷水で割っていただきます。おいしいのと、きれいな色に魅了され、わが家の常備ドリンクとなりました。

しそは漢方では、解毒やせき止め、精神安定など、各種薬効があるとされています。人気のポリフェノール、β-カロテンも多く含まれ、健康にもいいようです。

夏のおもてなしに、アルコールが苦手な方や子どもにも喜ばれます。

鍋は酸に強いステンレスか、ほうろうを用います。しそは葉を摘み取り、きれいに洗ってざるに広げておきます。

材料（作りやすい分量）

赤じそ……2~3束（正味600g）
水……1.5ℓ
砂糖……600g
酢……1~1と1/2カップ

作り方

1 大きめの鍋に分量の水を沸騰させ、しその葉を4回くらいに分けて加えます（写真❶）。

2 5分ほど煮たらざるにあけてこし（写真❷）、ざるに残ったしそをギュッと押して汁気を絞ります。

3 こした汁を鍋に戻して再び火にかけ、砂糖を入れ（写真❸）、アクを取りながら中火で5分ほど煮ます。

4 酢を加え（写真❹）、ゆっくり混ぜて火を止めます。酢を加えた瞬間、色がパッと赤紫色に染まり、そのたびに感動します。

メモ
❖冷蔵保存で1年。濃縮なので、水や炭酸水で2~3倍に薄めて飲みます。

6〜7月

あんずジャム

あんずは果物としてよりも、ジャムとして食されることが多いようです。生は酸味が強いので好きずきですが、ジャムにはこの酸味が適していて、焼き菓子の塗り用やスポンジのサンド用など、お菓子作りには欠かせません。

店頭には6月末から7月中旬にかけての短い期間に出回るので、見逃さないようにしてジャムを作りましょう。オレンジ色によく熟したものを選び、熟し足りないものは、2〜3日おきます。

材料（作りやすい分量）

あんず……1パック（800g）
グラニュー糖……あんずの正味の重量の60％

作り方

1 実は縦にぐるりと切り込みを入れて、両手でひねるとパカッときれいに割れますので、種を取り出します。

ここであんずの正味を計量し、60％のグラニュー糖を用意し、鍋にあんずとグラニュー糖を入れて混ぜ合わせます。あんず全体にグラニュー糖をからめます。

2 弱火にかけて、絶えず混ぜながら、少し水分が出てきたら、弱めの中火にし、ときどき混ぜながら（写真❶）約20分、トロリとするまで煮つめます。途中アクが出てきたら、お玉ですくい取ります。あんずが煮くずれてきたら、木べらでつぶしながら細かくし、なめらかに仕上げます（写真❷）。

3 熱いうちに消毒した保存瓶に詰め、逆さまにおきます（88ページ参照）。

メモ
❖冷蔵庫で保存し、3カ月ほどで食べきります。

❶

❷

あんずの酸味が味のアクセントに

あんずジャムで

ロールケーキ

材料（1本分）

スポンジ生地

卵……3個
砂糖……70g
薄力粉……40g
バター……大さじ2

塗り用

生クリーム……½カップ
砂糖……大さじ1
あんずジャム……適量

作り方

1 生地を焼きます。オーブンは180〜190度に予熱し、30cm角の天板にオーブン用シートを敷いておきます。

2 卵は卵黄と卵白に分け、バターは溶かしておきます。

3 ボウルに卵白を入れ、砂糖を3回に分けて加えながら泡立て、しっかりとしたメレンゲを作ります。卵黄を加え、ざっと混ぜ、薄力粉をふるい入れてゴムべらで混ぜ、溶かしバターを加えて混ぜ合わせます。

4 用意した天板に生地を流し、表面を平らにしてオーブンに入れ、8〜10分焼き、取り出して冷まします。

5 ボウルに生クリームと砂糖を入れ、ボウルの底を氷水にあてがいながら泡立てます。

6 冷ました生地全体に生クリームを塗り広げ、生地の巻き終わりを少し残して、あんずジャムを塗り、端から巻き（写真左）、ラップで包んで冷蔵庫で落ち着かせます。

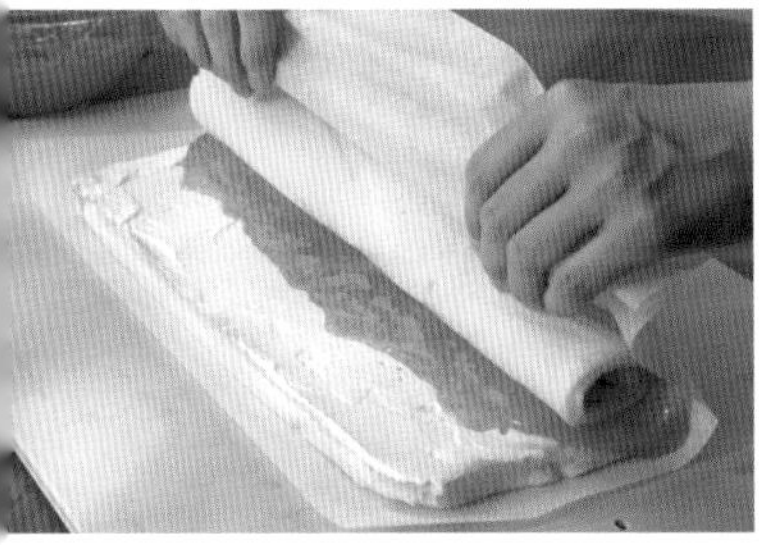

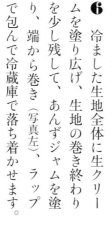

6〜8月

ブルーベリージャム

さらっと仕上げると、ヨーグルトにもよく合います

昔、ブルーベリーの木が庭にあり、収穫の時期はよく作っていました。冷凍のものもありますが、フレッシュなもので作るジャムは格別なおいしさです。煮つめる時間で粘度が変わりますので、ソースのようにヨーグルトなどにかけるのであれば、少し水気を残してさらっとした仕上がりに、パンにつけることが多ければ、長めに煮てぽってりとした仕上がりにするといいですね。

甘さ控えめなので、1週間くらいで食べきるようにします。

材料（作りやすい分量）

ブルーベリー……400g
グラニュー糖……100〜120g
レモン汁……小さじ2〜3

作り方

1 ブルーベリーは洗ってざるに上げ、よく水気をきります。

2 鍋に**1**のブルーベリーを入れ、グラニュー糖を加えてまぶします（写真❶）。10分くらいおいて、グラニュー糖をなじませます。

3 鍋ははじめ弱火にかけ、少し水分が出てきたら弱めの中火にして、へらでときどき混ぜながら煮ます（写真❷）。最初、焦げそうに思うかもしれませんが、すぐに水分が出てきます。

4 煮立ったら8〜10分煮て（写真❸）火を止め、レモン汁を加えます（写真❹）。

メモ

❖もっと粘度の高いジャム状にしたい場合は、様子を見ながら5分ほど長く煮ます。

❖粗熱をとり、煮沸消毒した瓶に詰めます。冷蔵庫で保存し、1週間くらいで食べきります。

❖甘さは好みで加減してください。砂糖は、一番糖もおすすめです。一番糖は原料糖の精製を控えて、一番最初にできる砂糖で、まろやかな味わいに仕上がります。

表面の白い粉のようなものは、ブルームと呼ばれ、新鮮な証し

栗の甘露煮

9〜10月

栗の季節には必ずといっていいほど作る、定番の保存食のひとつです。手作りならではの、ほどよい甘みと香りが楽しめます。これがあれば、ロールケーキやモンブランなどの栗のお菓子も手軽に作れます。

一度に作ろうとすると、大変に思えるときもあります。そんなときは、秋の夜長、栗の皮をせっせとむき、水につけて冷蔵庫へ。翌朝、シロップで煮て仕上げます。のんびり作るのもよいものです。

ゆっくり甘みをしみ込ませ、やわらかく煮上げます

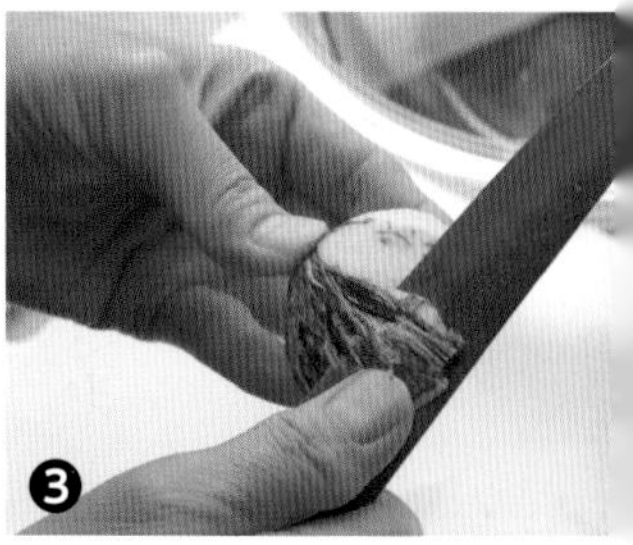

材料（作りやすい分量）

栗……20個（600g）
くちなしの実……1個

シロップ
水……1と1/2カップ
砂糖……300g
塩……小さじ1/4

作り方

1 大きめのボウルに栗を入れ、栗がかぶるくらいまで熱湯を注ぎ15分ほどおきます。

2 栗の皮が少しやわらかくなったら皮をむきます。

まず、栗の下の部分を落とし（写真❶）、鬼皮をむき（写真❷）、渋皮をむきます（写真❸）。こうしてむくと、安全にきれいにむけます。

皮がむけたら、水に30分以上つけて、アク抜きをします（写真❹）。

くちなしの実は砕いてお茶パックに入れます。

3 鍋に**2**の栗とたっぷりの水（4カップくらい）を入れ、火にかけます。煮立ったらくちなしの実を入れ（写真❺）、ふたをずらしてかけ、15分ほど栗に竹串を刺して通るまでゆでます。ゆですぎると、シロップで煮たときに割れてしまうことがあるので注意しましょう。

ざるに上げ、流水で粗熱をとります。

4 鍋にシロップの水と砂糖を1/3量入れ、煮立ったら栗をそっと入れ、クッキングペーパーで落としぶたをして弱火で5分煮ます。さらに1/3量の砂糖を加え、5分煮ます。残りの砂糖を加え（写真❻）、さらに5分煮て塩を加え、ひと煮して火を止めます。

5 冷めるまでおき、煮沸消毒した瓶に移します。シロップ液は栗がかぶるくらいまで入れます。

メモ
❖冷蔵庫で保存し、1カ月くらいで食べきります。

栗の甘露煮で
かんたんモンブラン

上品な栗の甘みが生クリームとよく合います。

材料と作り方（4個分）
スポンジ適量（67ページのロールケーキ参照）、栗の甘露煮4個（80g）〈ホイップクリーム〉生クリーム1/2カップ、砂糖大さじ1

1 スポンジは5cm四方のものを12枚用意します。市販のものを使ってもかまいません。

2 栗の甘露煮はフォークなどで粗くつぶします。

3 ホイップクリームを作ります。ボウルに生クリームと砂糖を入れ、ボウルの底を氷水にあてがいながら八分立てにします。

4 スポンジ、ホイップクリーム、栗の甘露煮の順にスポンジを3段重ねます。同様にして、全部で4個作ります。

9〜10月

ぶどうのジュース

ぶどうの滴りを集めた、100%天然果汁、天然製法のジュースです

青紫色の美しいぶどう「ベリーA」でジュースを作ります。こしたあとの果肉はジャムとゼリー菓子に。高価なぶどうだから、余さず利用して、自然のめぐみをめいっぱい賞味します。

材料（出来上がり1ℓ）

ぶどうベリーA……2kg（正味）
水……1カップ
グラニュー糖
……こした果汁の重量の50％
レモン汁……大さじ5

ジュースやジャムには色がきれいで、酸味が強く、果肉がやわらかいベリーAがおすすめ。お値段も手ごろ

作り方

1 ぶどうは房からはずして洗い、鍋に入れ、分量の水を加えて中火にかけます。

沸騰してくると、下のほうのぶどうの皮がむけてきますから、へらで上下を返しながら15分ほど煮ます（写真❶）。

2 粗熱がとれたら、ざるにガーゼを2枚重ねてのせ、下にボウルをおいて、鍋のぶどうを流し入れます。搾らずに自然に果汁を落としていきます（写真❷）。

約1時間かかりますが、搾ると濁りが出るし、このあとジャムに利用するので、エキスは残しておきたいのです。

3 果汁を計量し（約800㎖）、その半量のグラニュー糖を用意します。

4 鍋に果汁を入れ、グラニュー糖を加えて（写真❸）中火にかけ、沸騰したらアクを取りながら5分煮ます。火を止めてレモン汁を加えて出来上がりです。

メモ
❖清潔な瓶に入れて冷蔵庫で保存します。3カ月ほどもちます。

ジュースのリサイクルとは思えないフレッシュなジャム

9〜10月

ぶどうジャム

ぶどうのゼリー菓子

ジュースを作ったときの果肉でジャムを作ります。果肉は搾っていないので、ぶどうのエキスはたっぷり残っています。

ぶどうジャム

材料と作り方

1 残った果肉をボウルをあてたざるでこし（写真❶）、種と皮を取り除いてピューレにします。重量を量り、その50%のグラニュー糖を用意します。

2 鍋にピューレとグラニュー糖を入れ、弱めの中火で10分ほど、焦がさないよう混ぜながら（写真❷）トロリとするまで煮つめます。

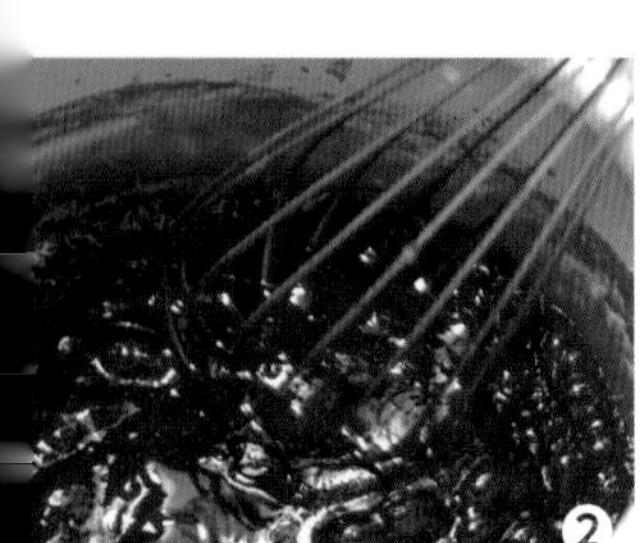

メモ

❖熱いうちに煮沸消毒した瓶に詰め（88ページ参照）、逆さまにおいて冷まします。冷蔵庫で保存し、2カ月ほどもちます。

ぶどうのゼリー菓子

ぶどうのゼリー菓子も、ピューレから作ります。固めるためにハードゼリー用ペクチンを使うなど、少々専門的ですが、ぶどうがお菓子になったうれしさは格別です。ペクチンは製菓材料専門店などで手に入ります。

材料（14×11cmの型1台分）

ぶどうのピューレ……200g

A
ペクチン……5g
グラニュー糖……20g

B
グラニュー糖……180g
水あめ……30g

＊型はバットを用意し、グラニュー糖（分量外）を一面にふっておきます。

作り方

1 ジャムと同様に果肉をざるでこして、ピューレにします。

2 ピューレを鍋に入れ、泡立て器で混ぜながら中火にかけ、あたたまったら**A**を加え、さらによく混ぜ合わせます。

3 沸騰してきたら**B**を入れ、さらに泡立て器で混ぜ合わせます。温度計で測りながら混ぜ続け、109度になったら火を止め、型に流し込みます。

4 粗熱がとれたら、まだあたたかいうちに上面にもグラニュー糖（分量外）をまぶします。

5 冷めたらバットからはずし、好みの大きさに切って、全面にグラニュー糖（分量外）をまぶします。

メモ
❖密閉容器に保存します。秋から冬にかけてなら、冷蔵庫で1カ月もちます。

ゼリーは日もちがするので贈り物に最適

りんごの甘煮

暮れにいただいた、たくさんのりんご。ありがたいけれど、とても食べきれません。そこでわが家では、傷まないうちにりんごを甘煮やキャラメル煮にして保存し、手のあいたときにお菓子を焼くようにしています。

りんごはふじが多いですが、アップルパイもふじでOK。一般的にアップルパイには紅玉が向いているといわれますが、ふじは甘さも酸味もあり、煮ても弾力が残っていて、紅玉の食感よりも私は好きです。

りんごのお菓子はみんな大好きなので、暮れの贈り物にしても喜ばれます。

りんごの甘煮は一度にあまりたくさん煮るとうまくいきません。

材料（作りやすい分量）

りんご……6~8個（2kg）
グラニュー糖……160~200g
レモン汁……大さじ1~2

作り方

1 りんごは縦に8等分に切り、芯を取り除いて、皮をむいて1cm厚さのいちょう切りにします。

2 ほうろうかステンレスの鍋にりんごとグラニュー糖を入れ、ふたをして中火にかけ、水が上がってきたら、ふたを取ってやわらかくなるまで煮ます。途中味をみて、好みの甘さにし、レモン汁を加えて仕上げます。

メモ

❖冷蔵保存し、2週間くらいで使いきります。シナモンをふってトーストにのせたり、そば粉のパンケーキにも合います。

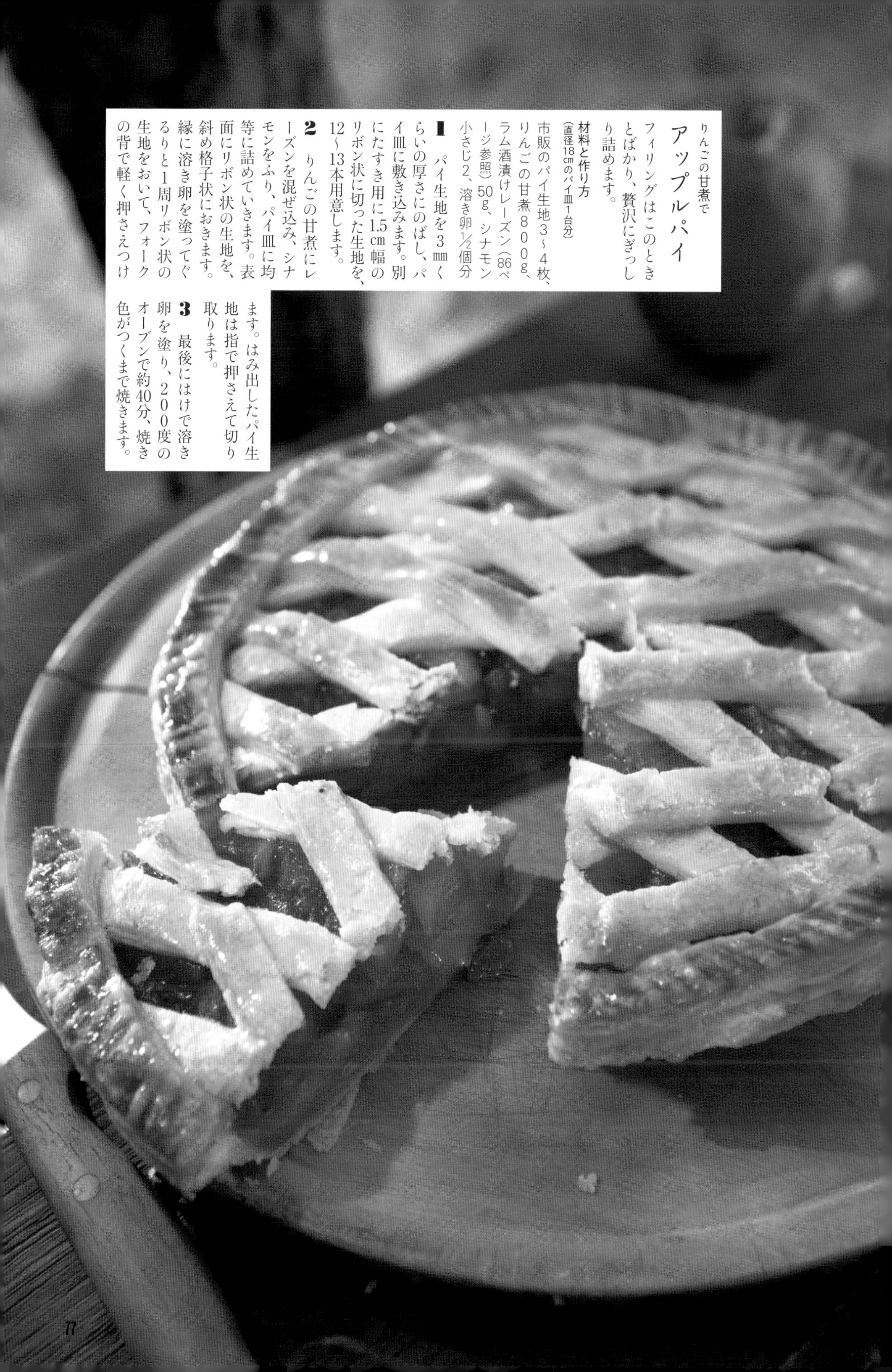

りんごの甘煮で

アップルパイ

フィリングはこのときとばかり、贅沢にぎっしり詰めます。

材料と作り方
(直径18cmのパイ皿1台分)

市販のパイ生地3～4枚、りんごの甘煮800g、ラム酒漬けレーズン(86ページ参照)50g、シナモン小さじ2、溶き卵½個分

1 パイ生地を3mmくらいの厚さにのばし、パイ皿に敷き込みます。別にたすき用に1.5cm幅のリボン状に切った生地を、12～13本用意します。

2 りんごの甘煮にレーズンを混ぜ込み、シナモンをふり、パイ皿に均等に詰めていきます。表面にリボン状の生地を、斜め格子状におきます。縁に溶き卵を塗ってぐるりと1周リボン状の生地をおいて、フォークの背で軽く押さえつけます。はみ出したパイ生地は指で押さえて切り取ります。

3 最後にはけで溶き卵を塗り、200度のオーブンで約40分、焼き色がつくまで焼きます。

11〜12月

りんごのキャラメル煮

キャラメルソースでりんごを煮る手法です。焦げたキャラメルが香ばしく、スポンジと焼いたり、アイスクリームやホットケーキ、スコーンに添えてもおいしいです。

キャラメルは焦げやすいので、厚手の鍋を用います。

材料 (出来上がり1kg)

りんご……6〜8個(2kg)
グラニュー糖……160〜200g
レモン汁……大さじ1〜2

作り方

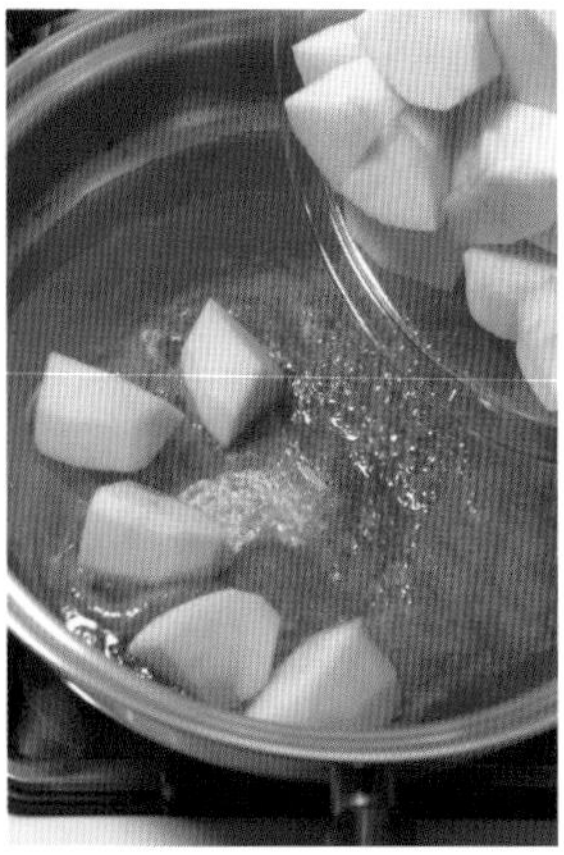

1 りんごは縦6等分に切って芯を取り除き、皮をむいて、半分に切ります。

2 大きめの平鍋かフライパンにグラニュー糖を入れ、弱めの中火にかけます。キャラメル色になってきたら、ゆすりながらムラのないよう混ぜて、切ったりんごを入れます(写真上)。

ときどき鍋をゆすって混ぜます。りんごの水分でやわらかく煮るように火を通し、水分がほとんどなくなるまで煮つめます。途中、味をみて、好みの甘さにし、レモン汁を加えて仕上げます。

メモ
❖冷めたら冷蔵庫に保存し、2週間以内に使いきります。

焦げたキャラメル煮がスポンジにしみて香ばしい

りんごのキャラメル煮で

りんごのキャラメルケーキ

キャラメル煮の上にスポンジ生地を流し入れて焼くだけ。ひっくり返すところが、タルトタタン風。

材料
（直径20cmの底の抜けない丸型1台分）

りんごのキャラメル煮……500g
卵……2個
砂糖……80g
薄力粉……100g
バター……80g

作り方

1 型の内側の側面にバター（分量外）を塗り、底にりんごのキャラメル煮をぎっしり隙間なく敷き詰めます。

2 スポンジ生地を作ります。バターは溶かして人肌にし、薄力粉はふるっておきます。卵は卵黄と卵白に分けます。ボウルに卵白を入れ、砂糖を3回くらいに分けて加えながら泡立て、つやのあるメレンゲを作り、卵黄を1個ずつ加えます。

3 ふるった粉を加え、ゴムべらで混ぜ、溶かしたバターを加えて混ぜます。

4 生地を**1**のキャラメル煮の上に流し入れ、180度のオーブンで40分焼きます。

粗熱がとれたら、ひっくり返して取り出します。

10〜11月

洋なしのシロップ煮

洋なしはラ・フランスの普及ですっかり人気者になりました。

私は洋なしのなめらかな食感が大好きで、よく求めるのですが、時には1ケースでいただくことがあります。そんなときには、傷まないうちにシロップ煮にすることにしています。

材料（作りやすい分量）

洋なし（ラ・フランス）……大4個
水……5カップ
グラニュー糖……500g
レモン汁……大さじ1〜2

作り方

1 鍋に分量の水とグラニュー糖を入れ、中火にかけます。その間に洋なしの皮をむき、縦半分に切って軸と種を取り除きます。

2 鍋のシロップが沸騰したら、洋なしを入れ、レモン汁を加え、再び煮立ったら火を弱めて、クッキングペーパーで落としぶたをして、ことこと煮ます。

3 洋なしの熟し度にもよりますが、10分ほどで火を止め、そのまま冷まします。

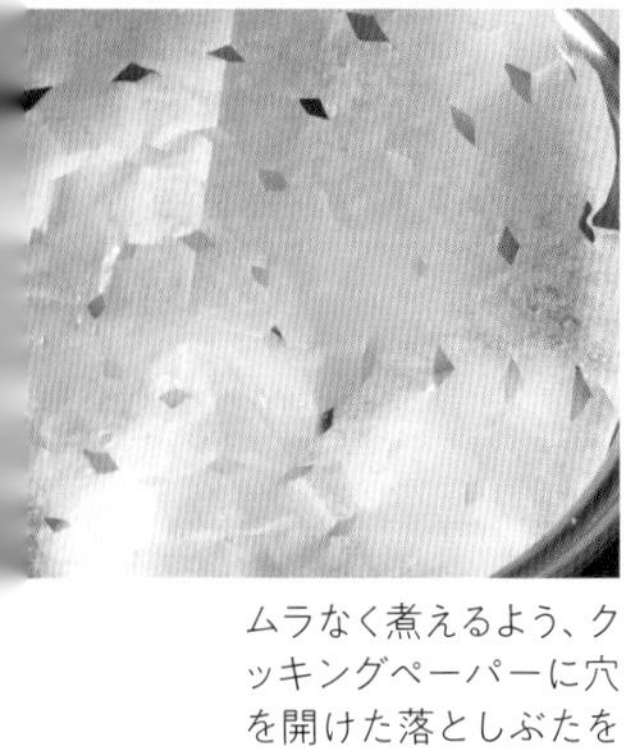

ムラなく煮えるよう、クッキングペーパーに穴を開けた落としぶたをする

メモ
❖保存瓶に洋なしを入れ、上までシロップを注ぎ、ふたをして冷蔵庫に保管します。冷蔵保存で1カ月ほどで食べきります。

ゆずのはちみつ漬け

冬は熱湯を注いでホットドリンクに、夏は氷を入れて冷たい飲み物に、年間を通して利用できます。ビタミンCの補給源としても、作っておきたい保存食です。

材料（作りやすい分量）

ゆず……大1個
はちみつ……1と1/2カップ（420g）

作り方

1 ゆずはよく洗い、横半分に切ってから、種と芯の部分を取り除き、薄切りにします。

2 消毒した瓶にゆずを入れ、はちみつを注ぎ、ふたをして冷蔵庫で保存します。

メモ

❖漬けた翌日から食べられ、1カ月ほど保存がききます。ジャムの代わりとしても利用できます。

10～2月

きんかん酒 ゆず酒 かりん酒

いずれも薬効のすぐれた果実酒です。常備しておきたいですね。

きんかん酒

きんかんは、風邪、のどの薬として知られています。

皮と実に多く含まれるビタミンCやビタミンAが、風邪で荒れたのどを癒やしてくれます。

材料（作りやすい分量）

きんかん……500g
ホワイトリカー……900mℓ
氷砂糖……250g

作り方

きんかんは包丁で5～6カ所に切り込みを入れ、消毒した保存瓶に入れ、氷砂糖を加えて、ホワイトリカーを注ぎます。冷暗所に保存し、1年はねかせます。ときどき瓶をゆすって味をなじませます。

ゆず酒

　ゆずの中でも花ゆずと呼ばれる小さいゆずは、果実酒にしたり、はちみつ漬けにするといいでしょう。お酒は焼酎、日本酒でもいいのですが、ここではブランデーに漬けてみました。

　ゆずの栄養価はすぐれ、とくにビタミンCの含有量はかんきつ類ではトップ。風邪、のどの不調のほかにも、冬至の日のゆず湯は万病に効くといわれるほどです。

材料（作りやすい分量）

ゆず……600g
ブランデー……1ℓ
氷砂糖……400g

作り方

ゆずは横に2つに割り、消毒した保存瓶に入れ、氷砂糖を入れ、ブランデーを注いで冷暗所で半年以上ねかせます。

かりん酒

　かりんは洋なし形のかたい実で、秋に黄熟し、芳香があります。採ってから3～4日おくと、さらに強い香りがたちますので、それを待ってから漬けます。

　かりん酒はせき止めの薬として知られ、薬酒の王者ともいわれます。1年たつと、鮮やかなルビー色に変わり、見惚れるほどきれいです。

材料（作りやすい分量）

かりん……500g
ホワイトリカー……900mℓ
氷砂糖……200～400g

作り方

かりんは2cm厚さにスライスし、消毒した保存瓶に種ごと入れ、氷砂糖を入れ、ホワイトリカーを注ぎ入れます。冷暗所におき、1年以上ねかせます。

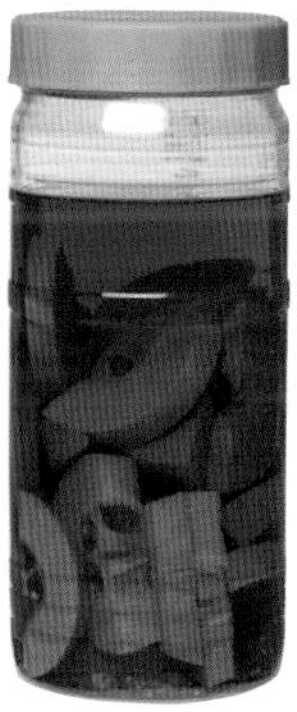

1年後にはこんな色に

かりん酒

10～3月

トーストやアイスクリームに添えて

レモンカード

レモンはなるべく国産のものを使うようにしています。気に入ってよく使うのが、愛媛県岩城島産のレモンです。皮が薄くて、身が多く、ジューシーなので、たっぷり果汁がとれるのがいいのです。

　レモンカードは難しそうに見えて、思いのほかかんたんに作れます。

材料（出来上がり300g）

レモン汁……2個分（70g）
卵……2個
砂糖……100g
バター（食塩不使用）……100g

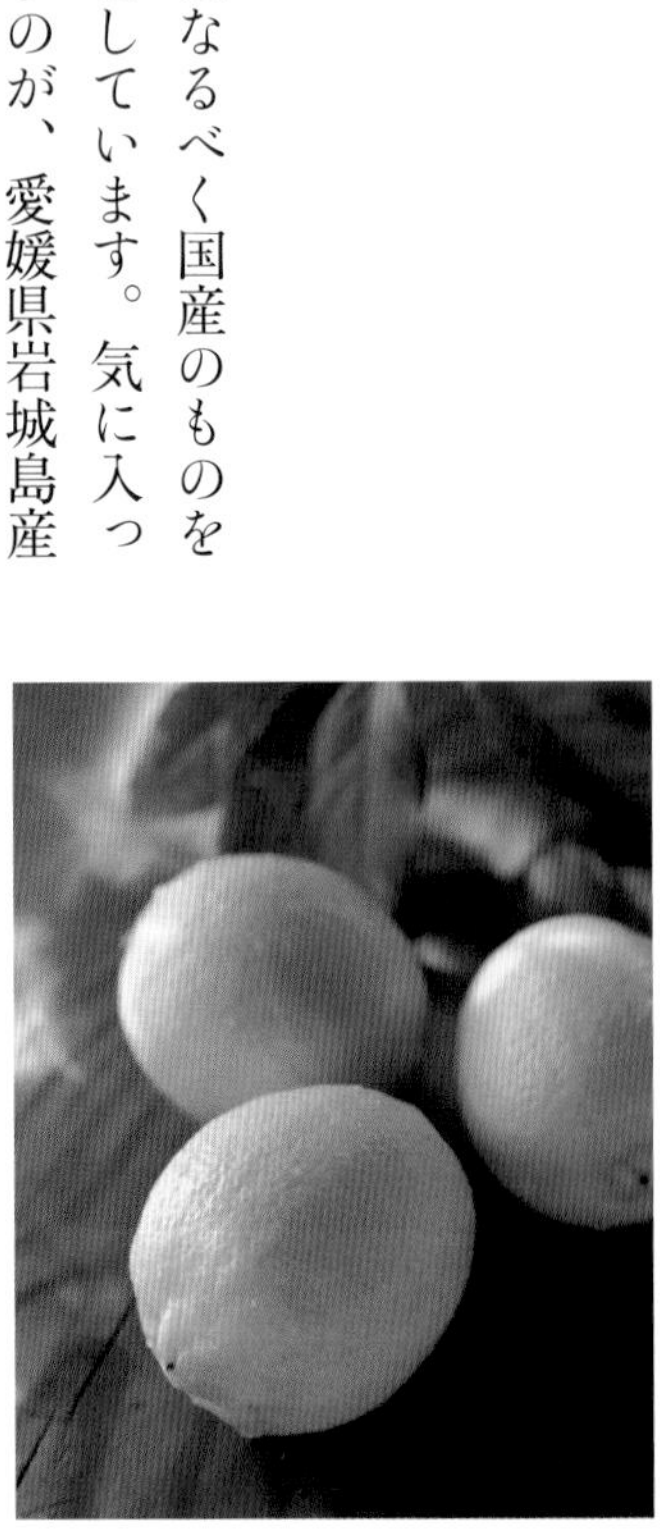

作り方

1　ボウルに卵、砂糖を入れて、つぶつぶがなくなるまでよく混ぜます。レモン汁を加えてさらに混ぜます（写真❶）。

2　**1**をざるでこして（写真❷）、鍋に入れて弱火にかけ、混ぜなが

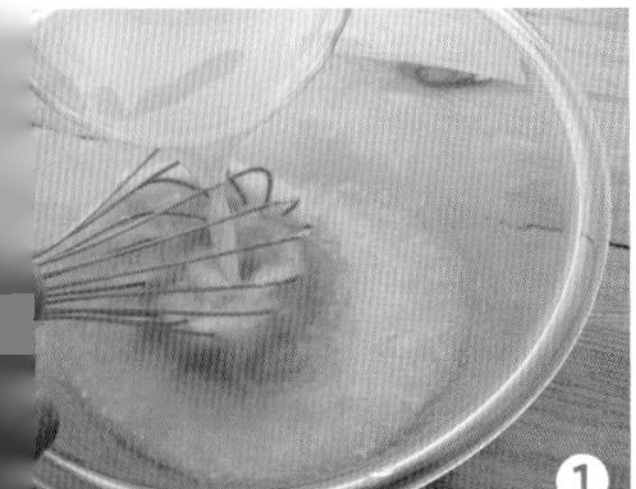

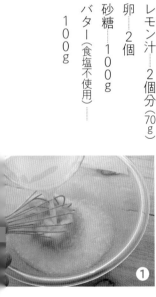

らとろみがつくまで加熱します（写真❸）。卵が固まる約70度が目安です。

3 さらにとろみがついてフツフツと煮立ち始めたら、火から下ろして、バターを加えて混ぜ合わせ（写真❹）、粗熱をとります。煮沸消毒した瓶に入れ、冷蔵庫で冷やします。

メモ
❖冷蔵庫に保存し、1週間くらいで食べきります。

レモンカードで
レモンタルト
サクサク生地にとろりとしたレモンカードがよく合います。

材料と作り方（直径7㎝のタルト型8個分）
〈タルト生地〉バター30g、砂糖30g、卵1/3個、薄力粉75g
レモンカード適量、レモンの薄切り1枚
※タルト生地は市販のものでもOK

1 タルト生地を作ります。やわらかくしたバターに砂糖を加え、泡立て器で白っぽくなるまですり混ぜます。溶いた卵を少しずつ加えて、よく混ぜます。薄力粉をふるってゴムべらで粉っぽさがなくなるまで混ぜ合わせます。生地をまとめ、ラップで包んで冷蔵庫で1時間以上ねかせます。

2 タルト生地を2㎜厚さにのばし、型に敷き詰め、底にフォークで穴をあけます。クッキングホイルをのせ、重石をして170度に予熱したオーブンで約20分、薄く焼き色がつくまで焼きます。

3 粗熱がとれた**2**のタルトにレモンカードを詰め、1/8に切ったレモンの薄切りを飾ります。

ドライフルーツの洋酒漬け

通年

材料と作り方

保存容器に、レーズン、カレンツ、いちじく、プラム、ブルーベリー、あんず、クランベリーなどのドライフルーツを入れ、ラム酒、ブランデー、マデラ酒などアルコール度数の高い洋酒を注ぎ、漬け込みます。

クリスマスが近づくと、フルーツがぎっしり入ったパウンドケーキを焼いて、おせわになった方に差し上げます。

そのためにも、ふだんから各種ドライフルーツを、空き瓶に入れて、洋酒に漬け込んでおきます。お酒は飲み残したブランデー、ジン、マデラ酒……など、余った分をどんどんつぎ足していきます。

時間がたって真っ黒になったドライフルーツは、まろやかな味わいとなり、これらを入れて焼き込んだお菓子は、しっとりして年代物のケーキのようです。

ほかにもドライいちじく入りのパン、ラム酒漬けレーズンのアイスクリームがいつでも食べられるのもうれしいですね。

ドライフルーツを買うときは、表示をみて、なるべく油を添加していないものを求めます。

メモ

❖漬け込んで2～3日から利用でき、何年でももちます。冷暗所で保存。

フルーツパウンドケーキは日もちがいいので、遠方の方への贈り物にも向きます

ドライフルーツの洋酒漬けで

フルーツパウンドケーキ

洋酒漬けフルーツをたっぷり使ったパウンドケーキです。

材料

（18cm×8cm×高さ6cmのパウンド型1台分）

バター……100g
砂糖……80g
卵……2個（100g）
薄力粉……100g
洋酒漬けのフルーツ……400g

作り方

1 バターは室温においてやわらかくし、卵も室温におき、薄力粉はふるっておきます。オーブン用シートを敷いておきます。型にはオーブン用シートを敷いておきます。

2 ボウルにバターを入れ、泡立て器で混ぜてやわらかくし、砂糖を一度に加えて白っぽくなるまで泡立て器で混ぜます。

3 溶きほぐした卵を4〜5回に分けて加え、そのつどよく混ぜます。

4 薄力粉を加え、ゴムべらでサックリと混ぜ、洋酒漬けのフルーツを加えて混ぜます。全体に混ざったら、さらにつやがでるまで20回ほど、底から生地をひっくり返すようにゴムべらで混ぜ合わせます。

5 型に流して表面をならし、160〜170度に予熱したオーブンに入れ、約40分焼きます。中心に竹串を刺して、ドロッとした生地がついてこなければ、焼けています。型からはずして、網の上で冷まします。

メモ

❖焼き上がってからすぐ食べられますが、少しおくと、しっとりしておいしくなります。1週間を目安に食べきりましょう。

ジャム類の瓶詰めの仕方

ジャム作りにとりかかる前に、ふたのしっかり閉まる空き瓶を用意します。ふたの内側の金属があらわになっているものは、ジャムの酸に侵されて、錆びる心配があるので避けます。

瓶は煮沸消毒します。鍋に熱湯を沸かし、瓶を入れて5～6分煮立てたら、トングで取り出し、湯をきって上向きにふきんに並べ、自然乾燥させます。

ジャムが出来上がったら、熱いうちにレードルで瓶の口ぎりぎりまで詰め、すぐにふたをして逆さまにおき、そのまま冷ましましょう。こうすると空気が入らず、密閉に近いかたちになり、常温での長期保存が可能になります。ジャム類のほか、トマトソースなども同様に保存します。

上手に空気を遮断できたら、ある程度、長期保

存可能ですが、近ごろは甘さも控えめなので、空気が入ってしまい、かびる場合もあります。できれば冷蔵庫に保存し、できれば2カ月くらいで食べきるようにしましょう。

逆さまにして冷ます

肉と魚介の保存食と作りおき

鮭の焼き漬け イクラのしょうゆ漬け

10～11月

旬の秋鮭がお安く手に入るとき。多めに求めて焼き漬けにしておきましょう。

焼きたてを、ゆずの香りのする液に漬け込みますと、4～5日はご飯のいいおかずになります。指で粗くほぐして、イクラとご飯に混ぜ合わせれば、ごちそうの鮭の親子めしです。

鮭の焼き漬け

材料（作りやすい分量）

- 生鮭（切り身）……6切れ

漬け液

- 酒……1/2カップ
- みりん……1/2カップ
- しょうゆ……1/2カップ
- 赤唐辛子（種を取る）……1本
- ゆず……1/2個

作り方

1 漬け液を作ります。小鍋に酒、みりんを入れて煮立て、しょうゆと赤唐辛子を加えてひと煮し、深めの保存容器にあけます。

2 鮭は2つか3つに切り、グリルで焼き、焼きたてを漬け液に漬け込みます。へぎゆずをのせます。

> **メモ**
> ❖漬けてすぐに食べられ、冷蔵庫で4～5日は保存できます。

イクラのしょうゆ漬け

生筋子もこの時期だけのものです。新鮮なもので作りましょう。

材料（作りやすい分量）

生筋子……300g
酒……1/4カップ
しょうゆ……1/4カップ
塩……適量

作り方

1 生筋子は50度くらいのぬるま湯に浸してほぐし、まわりの筋を取り除きます。水をはった別のボウルに移し、水の中で、こするようにして薄皮をはずします。これが残っていると生臭くなりますから、何度か水を替えて、ていねいに取り除きます。

2 最後に3％の塩水につけて洗い（色が戻る）、ざるに上げて水気をきります。

3 酒を煮立て、しょうゆを加えてひと煮立ちさせて冷ました液に、イクラを漬け込みます。

> **メモ**
> ❖漬けて2～3時間後から食べられ、冷蔵庫で1週間くらい保存できます。

鮭の焼き漬けとイクラのしょうゆ漬けで

鮭の親子めし

鮭の焼き漬けを粗くほぐし、ご飯とさっくり混ぜ合わせ、丼に盛り、さらにイクラと鮭をのせ、ゆずの皮のせん切りをのせます。のりを散らしても。

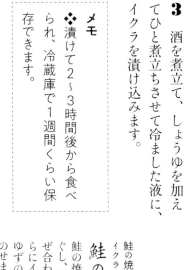

好みでゆずの皮を少々ふり入れても、さわやかな塩辛ができます

11〜2月

いかの塩辛

寒くなると、いかも甘くおいしくなってきます。新鮮なするめいかが手に入ったら、塩辛を作りませんか。

新鮮なするめいかは、色が赤茶色で透明感があります。買ってきたら、何はともあれその日のうちに仕込みましょう。

市販のものより、塩分はかなり控えめです。そのぶん、いかの味が引き立ち、とくにお酒の好きな人にはたまらない一品ではないでしょうか。

ただ、時間がたつと少し生臭くなってしまうこともあります。おいしいうちに食べきってください。

材料（作りやすい分量）

- するめいか……1ぱい（約450g）
- 粗塩……大さじ1と小さじ1

作り方

1 いかはよく水洗いして、ワタと足を一緒にそっと引き抜きます（写真❶）。

2 足を切り離し、ワタからスミを取り除きます（写真❷）。ワタに塩大さじ1をふり、ガーゼにくるんで冷蔵庫に30分おきます。

3 胴はエンペラを取り、ペーパータオルで皮をこすりむき（写真❸）、縦に包丁を入れて開き、内側の薄皮もペーパータオルではがして、きれいに洗って水気をふきます。縦3等分にして、横に細いせん切りにします（写真❹）。エンペラも皮をむき、縦2等分から横に細切りにします。足は吸盤をそぎとり、1本ずつ切り離し、2～3cm長さに切ります。

4 きれいな容器にいかの細切りを入れ、ワタをガーゼごとのせ、ワタ袋に包丁を入れて開きます（写真❺）。

5 ガーゼでこしながらワタを絞り入れ（写真❻）、塩小さじ1を加え、よく混ぜます。

6 ふたをして冷蔵庫におき、1日に1回きれいな割り箸でかき混ぜます。

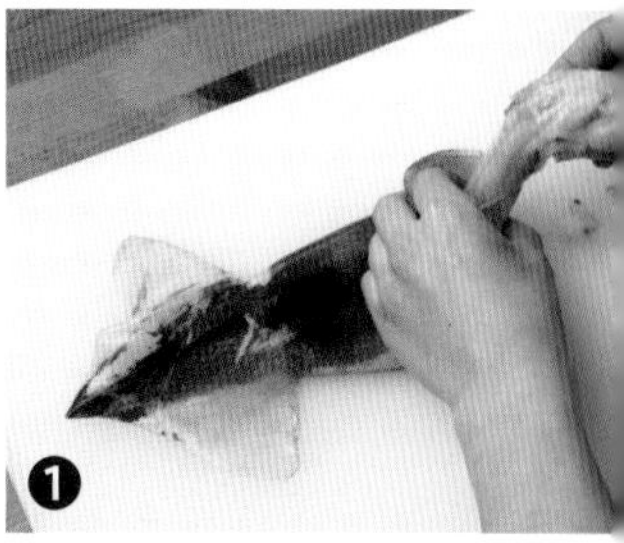
❶

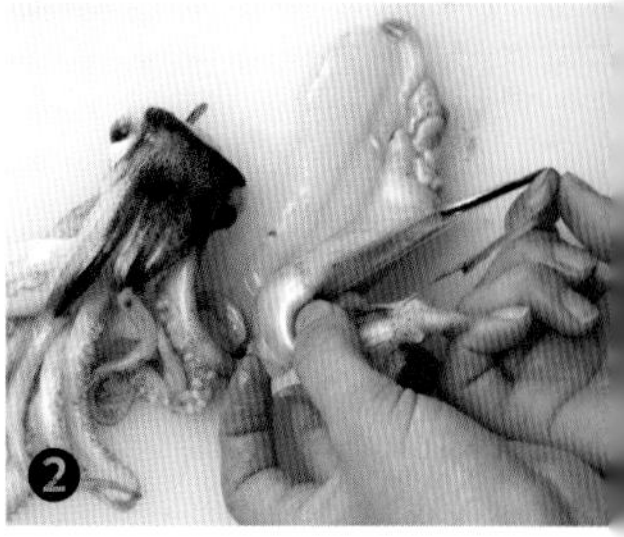
❷

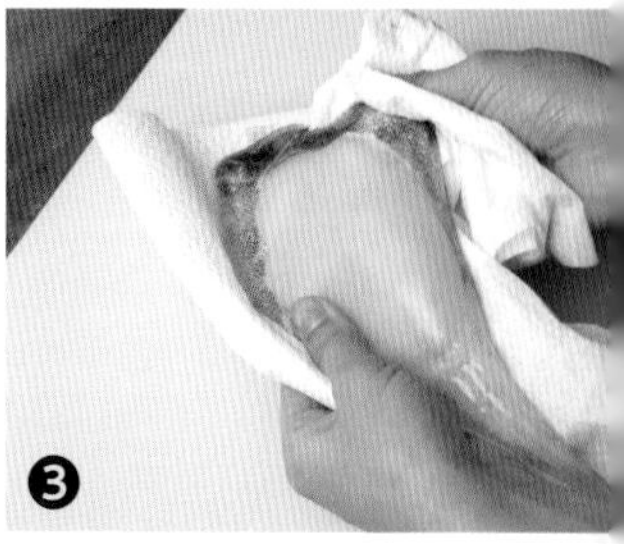
❸

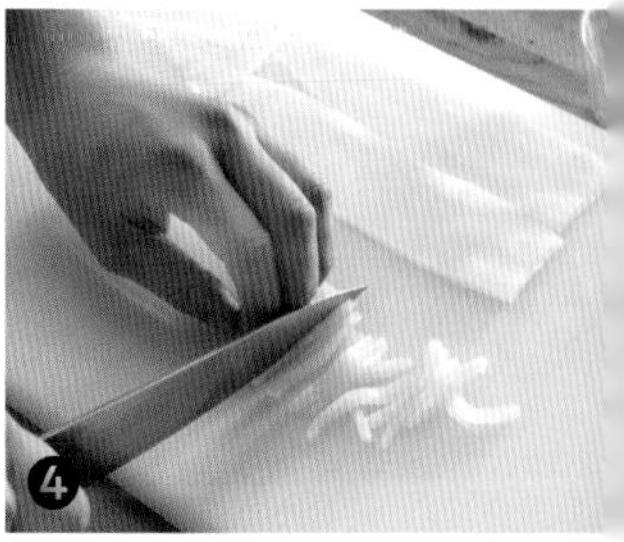
❹

メモ

❖2～3時間後から食べられ、2日目から1週間ほどで食べごろになります。

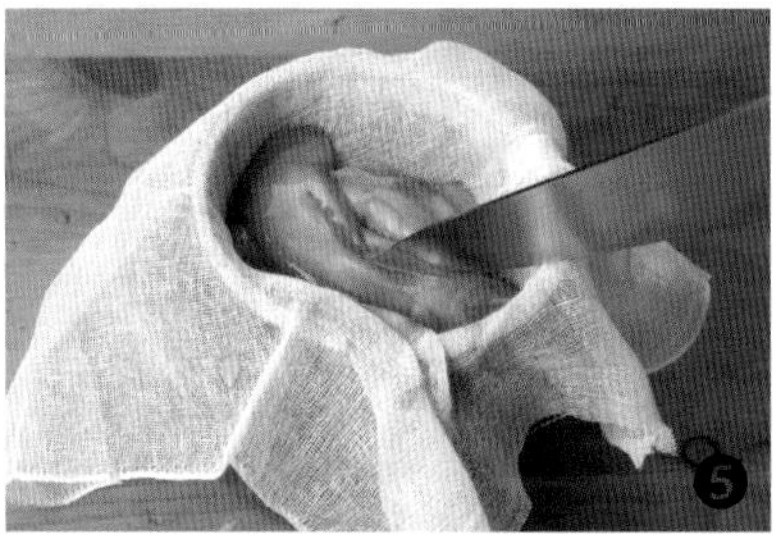
❺

❻

使い勝手ばつぐんの一品

通年

牛すね肉のつくだ煮風

すね肉はよく動かす部位だけにかたいのですが、長時間煮込むとやわらかく、うまみが凝縮されて、絶品の肉料理となります。わが家では1～2kg単位で作りおきして、いろいろな料理に利用します。

そのまま指でほぐせばご飯のおかずになりますし、ししとうやピーマンと軽く炒め合わせれば、さっと丼物ができます。

冬場なら白菜やねぎ、大根と炊き合わせると、すね肉がいい味出し役になって、短時間でこくのある煮物ができます。

夏ならそうめんや冷やしうどんの副菜に、また、ご飯に合うので、のり巻きの芯にしたり、おむすびの具にすると、子どもは大喜びです。

材料（出来上がり700g）

牛すね肉……1kg

A
- 酒……1カップ
- しょうゆ……2/3カップ
- 砂糖……大さじ6

にんにく……1かけ（20g）
しょうが……1かけ（20g）
赤唐辛子（種を取る）……1～2本

作り方

1 にんにく、しょうがは薄切りにします。すね肉は5cm大に切ります（写真❶）。

2 鍋に水4カップを沸かし、すね肉を入れ、一度煮立ったらアクを取り、弱火にしてふたをし、約2時間煮ます（写真❷）。

3 砂糖以外の**A**を加え、ふたをずらして50分くらい煮ます。最後に砂糖を加え10分くらい煮て（写真❸）、そのまま冷まし、味を含ませます。

冷めたら手で粗くほぐしておき（写真❹）、煮汁とともに保存します（写真❺）。

メモ

❖つくだ煮風にしっかり煮込んであるので、日もちしますが、冷蔵庫に保存し、1週間くらいで食べきるようにしてください。

❶

❷

❸

❹

❺

牛すね肉のつくだ煮風で

牛すね丼

取り合わせる相手はピーマン、あさつき、ねぎでもけっこうです。おもてなしの一品にもなります。

材料（1人分）

牛すね肉のつくだ煮風……50g
ピーマン……1個

作り方

1 ピーマンは縦半分に切ってヘタと種を除き、さらに2等分に切ります。すね肉は指で細かくほぐし、鍋にすね肉の煮汁約1カップとともに入れて火にかけ、ピーマンを加えて軽く混ぜ合わせ、ふたをして煮ます。

2 ピーマンがくたっとなったら火を止め、ご飯にのせます。

牛すね肉と白菜の煮物

鍋にすね肉と白菜を入れるだけ。調味料なしの簡単美味料理です。水も加えず、白菜の水分だけで蒸し煮にします。

材料（4人分）

牛すね肉のつくだ煮風……350g
（前ページで作ったすね肉の半量を使用）
白菜……1/2個

作り方

1 白菜は芯をつけたまま縦に2～3等分のくし形切りにします。

2 厚手鍋にすね肉と煮汁約1カップを入れ、白菜を上にのせ、ふたをして弱めの中火でことこと煮ます。水が上がってくるまで焦げないように気をつけ、白菜がやわらかくなるまで蒸し煮にします。

白菜に味がなじみ、水分が半量くらいになったら出来上がりです。

メモ

❖牛すね肉と野菜を炊き合わせる場合は、水を使わずに、出てきた野菜の水分で蒸し煮にします。鍋は厚手で、ふたが重く、圧のかかるものが適しています。野菜は水分の出やすい白菜、大根、ねぎなど。聖護院大根も美味です。

❖下仁田ねぎと炊き合わせると、トロリと甘く、すきやきのような味のおいしい一品に。鍋に入れた牛すね肉のつくだ煮風350gと煮汁1カップの上に切った下仁田ねぎ4本分をのせ、弱めの中火で蒸し煮にするだけで出来上がり。

牛すね丼

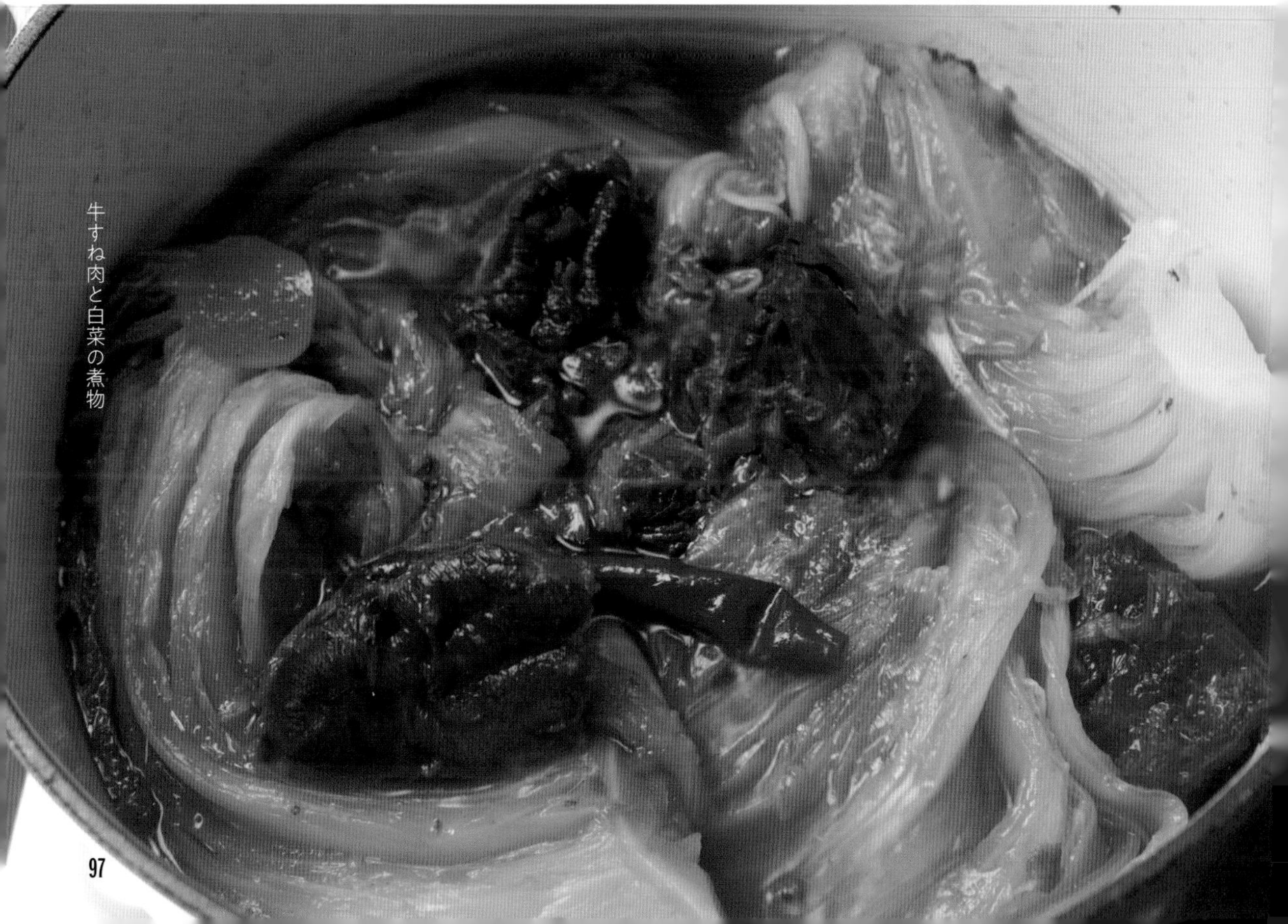

牛すね肉と白菜の煮物

通年

豚肉の黒酢煮

煮豚はいろいろな手法がありますが、黒酢で煮ると早くやわらかくなり、さっぱりとしておいしいものです。

お正月用に煮ておき、お重に詰めるのもいいし、大皿にゆで卵と盛り合わせれば、若い人好みの一品に。

材料（作りやすい分量）

豚肩ロースかたまり肉……1.2kg
水……3カップ
長ねぎ（ぶつ切り）……100g
しょうが（薄切り）……20g
酒……3/4カップ
しょうゆ……大さじ6
黒酢……大さじ5
砂糖……大さじ3
ゆで卵……4個

作り方

1 豚肉はかたまりのまま、たこ糸で巻きます。鍋に分量の水と豚肉を入れて煮立てます。出てきたアクをすくい取り、長ねぎとしょうがを入れ、酒としょうゆを加え、ふたをして弱火で1時間くらい煮てから黒酢を加えます。途中で煮汁がいきわたるように上下を返します。

2 豚肉に竹串を刺して、透明な汁が出てきたら、ふたを取って砂糖を加え、ゆで卵を入れ、煮汁が1/3量になるまで、肉と卵に煮汁をかけながら煮つめていきます。残った煮汁はたれとして使います。

メモ

❖すぐに食べられます。冷蔵庫に保存し、3〜4日で食べきります。

❖かたまりで煮ておくと、スライスしてラーメンに、角切りにしてチャーハンに、せん切りにして春雨サラダになど、いろいろに使えます。

豚肉は食べやすく薄切りに、卵も半分に切り、いっしょに盛りつけます。食欲をそそる色あいです。

通年

甘みそ鶏そぼろ

そぼろが嫌いな人というのは、あまりいないのではないでしょうか？　常に作っておくと、便利なおかずです。鶏ひき肉は買ってきたら、すぐに調理してしまいたいので、私もよく作る常備菜のひとつです。

材料（作りやすい分量）

鶏ももひき肉……300g
酒……大さじ2
砂糖……大さじ2
しょうゆ……小さじ1
みそ……大さじ4

作り方

1 鍋にひき肉と酒、砂糖、しょうゆを入れ、箸3〜4本で混ぜて弱めの中火にかけ、さらに混ぜます。

2 肉の色が変わり、水分が出てきたら中火にして汁気を飛ばし、みそを加え（写真左）さらにとろりとするまで煮ます。最後にみそを加えることで、みその風味が残り、ねっとりとした食感になります。

3 火を止め、粗熱をとります。

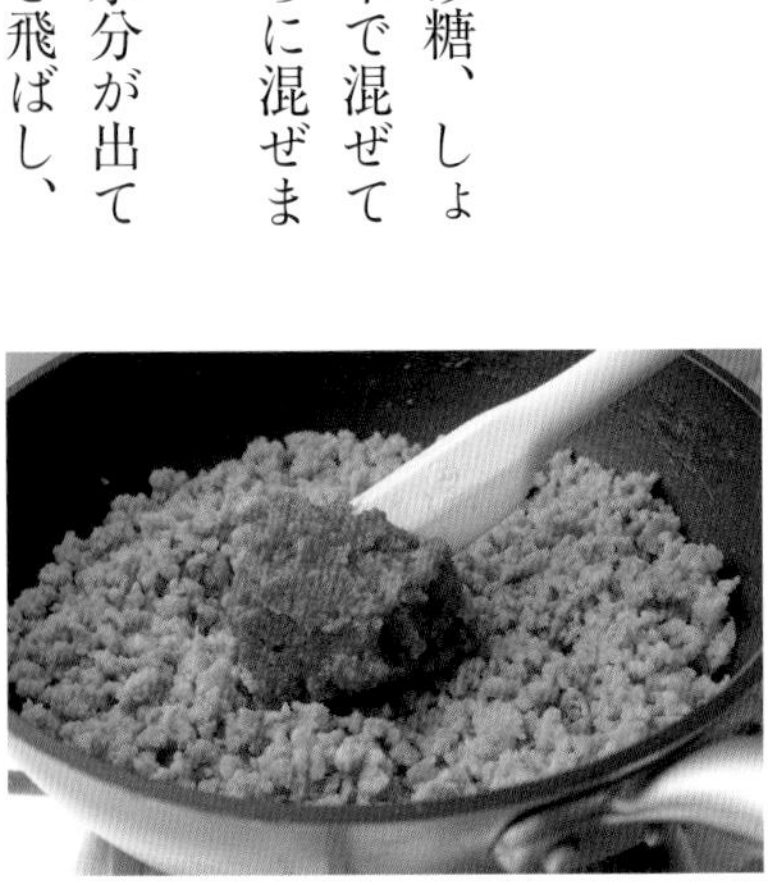

メモ

❖保存容器に入れ、冷蔵保存で5日ほど日もちします。

❖上の写真のように、レタスに包んで食べたり、冷ややっこにかけてもおいしいものです。

梅肉そぼろ

テレビで紹介したところ、評判になったそぼろです。ご飯が進む味つけが人気の秘密でしょうか。

材料（作りやすい分量）

豚ひき肉……300g
酒……大さじ1

合わせ調味料

梅干し……2～3個（正味30g）
みそ……大さじ2
砂糖……大さじ3
酒……大さじ1

作り方

1 梅干しは種を取り除き、包丁でたたいて細かくします。

2 合わせ調味料を混ぜ合わせておきます。

3 フライパンにひき肉と酒を入れ、箸3～4本でよく混ぜて、ほぐれやすくします。弱めの中火にかけて混ぜながら炒りつけます（写真左）。肉の色が変わり、水分が出てきたら中火にして汁気を飛ばし、合わせ調味料を加えます。汁気がなくなるまで炒りつけます。火を止め、粗熱をとります。

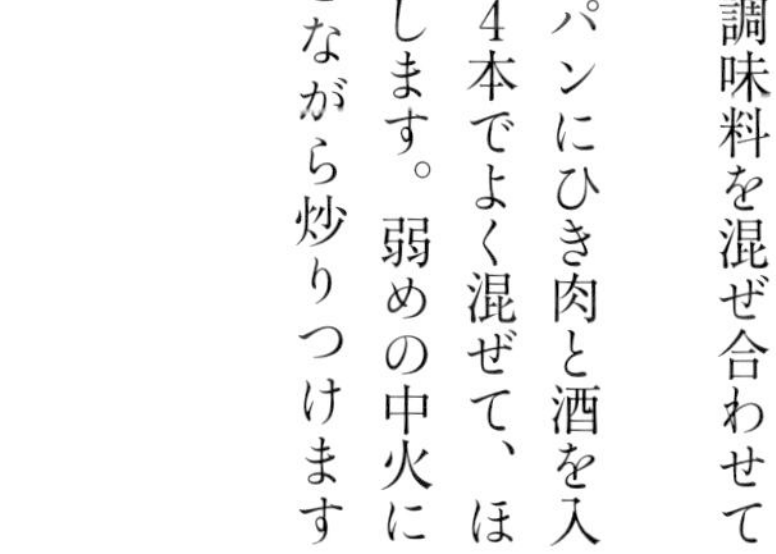

メモ

❖保存容器に入れ、冷蔵庫で保存し、5日ほどで食べきります。

❖肉にしっかり火を通してから調味料を入れることで、味がよくなじみます。ご飯によく合うので、混ぜておにぎりにするのもおすすめです。

ワインとパンを添えれば、上等のランチです

通年

田舎風テリーヌ

材料を容器に詰めて、オーブンで焼くだけ。誰にでも作れます。

材料（8×12×4㎝のテリーヌ型1台分）

豚切り落とし肉（またはひき肉）……250g
鶏もも肉……1枚（150g）
スモークハム……100g
ピスタチオ……大さじ1
ローリエ……1枚
塩……小さじ1
黒粗びきこしょう……小さじ1
タイム……少々

A 白ワイン……大さじ1
ブランデー……大さじ1

作り方

1 鶏もも肉は皮と脂を取り除き、豚肉とともに粗みじん切りにして、**A**と塩、こしょう、タイムを加え、手でよく混ぜ合わせます。

2 スモークハムは1㎝くらいの角切りにし、ピスタチオとともに肉に混ぜ合わせます。

3 テリーヌ型に**2**を隙間なくしっかりと詰め込み、表面を平らにして、ローリエをのせ、アルミ箔でふたをして、200度のオーブンに入れて40～50分かけて焼き上げます。竹串を刺して、透明な液が出てくればOKです。

4 ボール紙をアルミ箔の上にのせ、1kgくらいの重石をのせて冷めるまでおきます。重石をはずして出来上がりです。

メモ

❖食べる分だけ切り分け、残りは容器に戻して冷蔵庫で保存します。2～3週間は日もちします。

❖テリーヌ型がなければ、同じくらいの大きさの、厚手の耐熱容器を使ってください。

調味料
ソースなど

1年ねかせたみそ

みそ

みそを仕込み、ときどきかめをのぞいて様子を見る。みそ作りには、熟成発酵を待つという、ひそやかな楽しみがあります。

　さらに1年後、香り高く仕上がったみそを手にするうれしさは、何ともいえません。手前みそといわれるように、自家製みそでみそ汁を味わう贅沢を、どうぞみなさんも味わってください。

＊仕込みは冬季に行います。
　寒い時期に仕込んで、ゆっくりと低温熟成させます。あたたかくなるにつれ発酵が進み、1年たつと味がねれて、うまみのあるみそに仕上がります。

　仕込んだみそは、冷暖房の及ばない冷暗所に保管し、自然の温度にまかせます。

＊材料は大豆、麹、塩の三つです。
　大豆は新しい、水に浸してよくふくらむ上等品を選びます。大豆が古くて煮えがわるいと、なかなかきれいにつぶれず、なめらかなみそに仕上がりません。

　麹は生麹、半生麹、乾燥麹があります。この時期はたいていのスーパーで手に入りますが、生麹は専門店の扱いになり、限られます。ここでは手に入りやすい乾燥麹を使いました。

　大豆と麹、塩の割合は、1対1対0.5が標準です。最近は麹の割合を多くする人もいるようですが、いろいろ試してみて、やはりその割合がバランスよく仕上がるように思いました。

材料（出来上がり約3.5kg）

大豆……1kg
麹……1kg
塩……500g
（塩は天然塩を使いました）

＊容器は陶製のかめやほうろう製を用意し、熱湯消毒しておきます。
　みそ作りのポイントは大豆を指でつぶせるまでやわらかく煮ることですが、そのためには圧力鍋がとても適しています。私は、大豆を煮るのに適した国産の圧力鍋を用い、鍋の大きさから、大豆1kgを3回に分けて、2時間弱で煮上げました。

　圧力鍋がない場合は、ふたが重くて圧のかかる厚手鍋を用い、弱火で2〜3時間、指で簡単につぶせるまで煮ます。

　煮た大豆をすりつぶすには、マッシャーを用います。


〈前夜の作業〉

　大豆はざっと洗って3倍量の水に一晩つけておきます（写真❶）。翌朝には、大きくふくらみます（写真❷）。

❶

❷

作り方

1 大豆1kgを3回に分けて煮ます。つけ汁ごと圧力鍋に入れ、落としぶたをして鍋のふたをし、中火にかけます（写真❶）。おもりが動いたら、弱火にして10分煮て、そのあとは火を止めて20分おき、余熱でやわらかくします。

2 圧力鍋によって加熱時間は異なりますが、指で簡単につぶせるまでやわらかく煮るのがポイントです。圧力鍋を使わない場合も、時間をかけて指でつぶれるまでやわらかく煮ます（写真❷）。

3 ざるに上げて大豆の煮汁をきり（写真❸）、煮汁はとっておきます。

4 熱いうちにマッシャーでつぶします（写真❹）。

5 煮汁約1カップを加えて（写真❺）のばします。大豆がやわらかいほど、加える煮汁の量は少なくてすみます。

6 別のボウルに麹を入れ、塩を50g残して加え、麹の粒をもみほぐすようにしながら、よく混ぜ合わせます（写真❻）。

7 大豆を麹と合わせ、よく混ぜ合わせます（写真❼）。

8 みそがかたいようだったら、大豆の煮汁を加えながら（写真❽）練り混ぜ、出来上がりのみそよりややかために練り合わせます。

9 手で握れるほどの大きさに丸めます（写真❾）。

10 だんごをかめの底に打ちつけるように詰めていきます（写真❿）。隙間ができないようきっちりとかたく詰めます。空気が入ると、そこからかびるので、要注意です。

11 表面を平らにならして空気を抜きます（写真⓫）。残してあった塩を全体にふります。

12 ラップをぴったりと密着させ（写真⓬）、皿などで軽く重石をして、新聞紙で覆い、冷暗所で保管します。

6カ月後に「天地返し」といって、ムラなく熟成が進むよう、上下をひっくり返す作業をします。

❶

❷

❸

❹

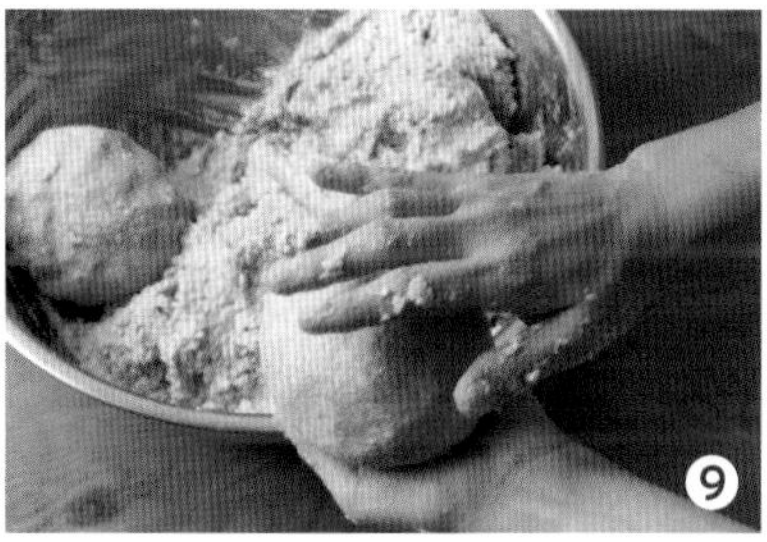

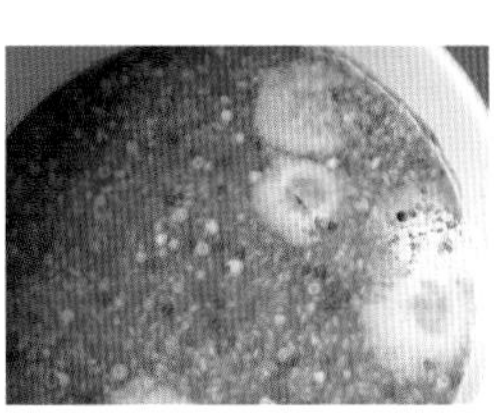

みその表面からぴったり空気を遮断しないと、カビが出ます。その場合は、カビの部分だけを取り除きます

〈天地返し（仕込んでから6カ月後）〉

消毒したボウルを二つ用意し、木べらでかめのみそをすくってボウルにあけます。からになったかめに、今度は上のほうにあったみそから順に詰めていきます。このときも空気が入らないようかたく詰めていきます。

再び表面を平らにならして、ラップをぴったりと張りつけます。

１年ねかせたのが１０４ページの写真です。色よく、香りよく、なめらかに仕上がりました。

出来上がったみそは冷蔵庫に移します。もっと熟成させたい場合は、そのまま冷暗所におきます。

昔、どこの家でもみそが手作りだった時代は、３年ねかせた「３年みそ」を食する家は、お金持ちと決まっていました。

貧しい家はそんな余裕がなかったからです。みそは長くねかせるほどおいしいとされたのですが、昔と気候条件や住宅事情の異なる今では、単純には比較できないようです。

仕込み日

３カ月後

６カ月後。天地返しをする

９カ月後

仕込み日から、だんだん色が濃くなっていくのがわかります

青唐辛子みそ 青唐辛子じょうゆ

夏のピリリと辛い青唐辛子。暑い季節によく合う調味料です。

青唐辛子みそ

材料と作り方(作りやすい分量)

青唐辛子……10本、ごま油……大さじ1/2、みそ……大さじ4、みりん……大さじ2、白炒りごま……大さじ1/2

1 青唐辛子はヘタを取り、小口切りにします。

2 フライパンにごま油を熱し、青唐辛子を炒めます。油がまわったら、みそとみりんを加え、ねっとりするまで1〜2分炒め、白ごまを加えて混ぜます。粗熱がとれたら、消毒した瓶で保存します。

青唐辛子じょうゆ

材料と作り方(作りやすい分量)

青唐辛子……10本、しょうゆ……大さじ5、みりん……大さじ1

1 青唐辛子はヘタを取り、小口切りにします。

2 消毒した瓶に青唐辛子とみりん、しょうゆを入れます。

メモ

❖どちらも冷蔵庫で保存し、青唐辛子みそは2カ月、青唐辛子じょうゆは1カ月ほどもちます。

❖辛いのが好きな人は種がついたまま、少しマイルドにしたい場合は種を取り除きます。

炒め玉ねぎ

4〜5月／通年

新玉ねぎは甘くておいしいのですが、水分が多いので傷みが早いのが難。そこで、炒めてから冷凍保存しておくことをおすすめします。

炒めると大量の玉ねぎがほんの一握りに縮小し、うまみが凝縮されます。これがあると、オニオングラタンスープがいつでも作れるし、シチューやカレーも玉ねぎのうまみでぐんとレベルアップ。貴重な美味の素なのです。

ただし、玉ねぎをここまでもってくるには根気がいります。新玉ねぎはとくに水分が多いので、アメ色になるまでに2時間近くかかりました。ふつうの玉ねぎでも1時間から1時間半はかかると覚悟してください。

「苦あれば美味あり」で、オニオングラタンスープを目標にがんばりましょう。

鍋は、厚手で、水分が蒸発しやすい底の広いものや、フライパンを用います。大きい鍋がない場合は、鍋2つを使い、途中でかさが減ったら合体させるのも一つの方法です。

材料（作りやすい分量）

- 玉ねぎ……10個（正味2kg）
- サラダ油……大さじ4

作り方

1 玉ねぎは縦2つ割りにし、繊維に沿って薄くスライスします。

大さじ1が玉ねぎ約1/2個分

鍋に油を熱し、玉ねぎを入れ、最初は水分がどんどん出てくるので、強火で炒めていきます（写真❶）。

2 40分後。煮るような感じで、水分が蒸発してかさが減るまで強火で炒めます（写真❷）。

3　1時間後。いよいよ水分が少なくなり、うっすら小麦色に色づいたら、中火にして、絶えず混ぜます（写真❸）。

このあたりまできたらつきっきりで。以前ちょっと目を離したすきに焦がしてしまい、1時間の労苦を無にしてしまったことがあります。

4　1時間40分後。うっすら焦げてきたら、水大さじ1を補って（写真❹）、鍋についている焦げをこそげて玉ねぎに移していきます。これを何度かくり返しながら、琥珀色になるまで炒めます。

スタート

40分後

1時間後

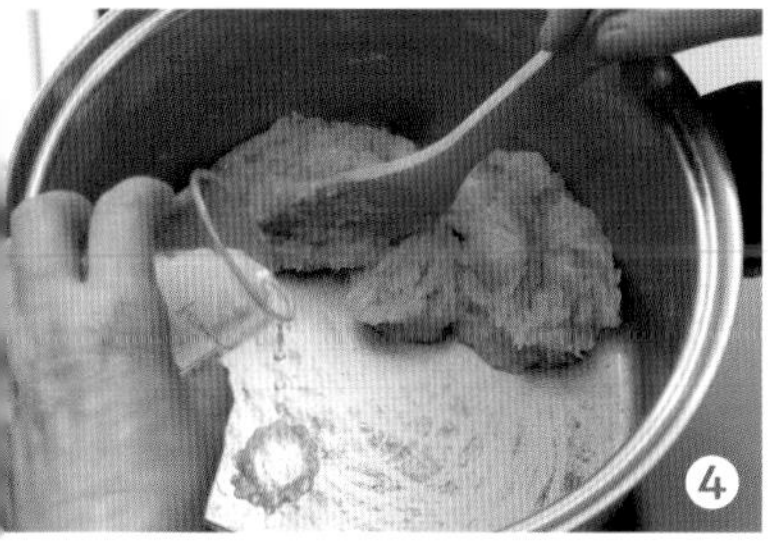

1時間40分後

2時間後

5　2時間後。これくらいに色づくまで炒めて出来上がりです（写真❺）。

メモ

❖炒めた玉ねぎはトレイにラップを敷いて、薄く平らにのばしてラップで覆い、冷凍します。使う際は、必要なだけ切り取ります。こうすれば庫内の場所もとりません。

❖2～3カ月くらいを目安に使いきるといいでしょう。

からだの芯まであったまるオニオングラタンスープ。
チーズはグリュイエールチーズのすりおろしを使うと上等

炒め玉ねぎで

オニオングラタンスープ

レストランの味があっという間に。フランス人は、芝居がはねたあとの寒い晩に、ふうふういいながらいただきます。

材料と作り方（2人分）

炒め玉ねぎ大さじ2、水2カップ、塩小さじ2/3、こしょう少々、フランスパンの薄切り4枚、おろしチーズまたはシュレッドタイプのチーズ適量

1　鍋に炒め玉ねぎ、分量の水を入れてあためため、塩、こしょうで調味します。その傍らでフランスパンをこんがり焼きます。

2　深めの器にスープを注ぎ入れ、フランスパンを浮かべ、チーズをたっぷりふり、高温のオーブンまたはオーブントースターで焦げ目がつくまで焼きます。

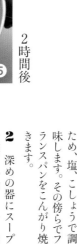

にんにくのしょうゆ漬け

古来よりにんにくは強壮剤として用いられてきました。エジプトのピラミッドは、働く人たちに毎日1粒のにんにくを与えて、建設されたといわれています。

わが家でもにんにくパワーで夏を乗りきろうと、できるだけ料理ににんにくを使うよう心がけています。そのために、新にんにくが出回ると、まとめ買いして、しょうゆに漬け込みます。

しょうゆ漬けのにんにくは、古くなるほどに臭みが抜けて、まろやかな味わいとなります。

スライスして炒め物やチャーハンに、丸ごと焼いて焼肉に添えたり、漬け汁のしょうゆも、しゃぶしゃぶのたれや焼きなす、蒸し野菜、ゆで野菜のたれとして大活躍です。

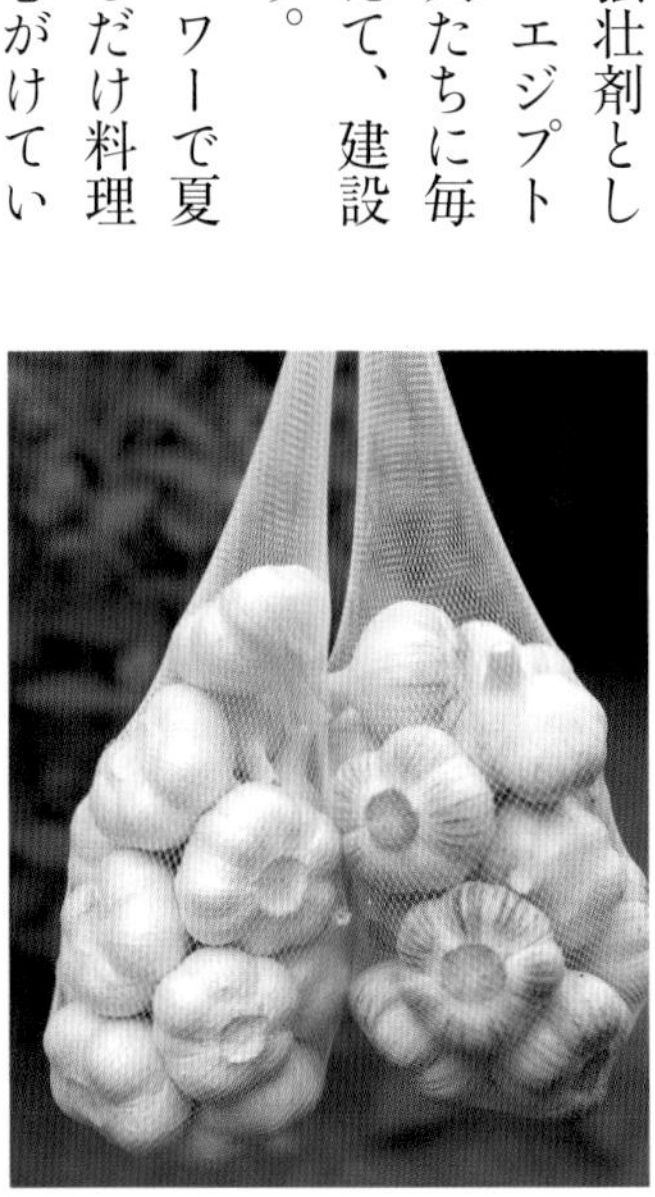

材料（作りやすい分量）

新にんにく……5～6個（350g）
しょうゆ……2と1/2カップ
みりん……3/4カップ

作り方

1 漬け液は、しょうゆとみりんを鍋に入れて火にかけ、煮切って冷まします。

2 にんにくは小房に分けて皮をむき、かめや瓶などの容器に入れ、冷ました漬け液を注ぎます。

メモ
❖漬け込んで1～2カ月後から調理できます。冷蔵庫で保存し、1年ほどで使いきります。

1年で食べきる量を漬ける

にんにくのしょうゆ漬けで

にんにくチャーハン

肉が入らなくても、大満足の味わいです。

材料と作り方（2人分）

ご飯300g、しょうゆ漬けにんにく2かけ、にんにくじょうゆ大さじ1弱、卵1個、長ねぎ½本、サラダ油小さじ3、塩・こしょう各少々

1 にんにくは薄切りにし、長ねぎは小口切りにします。

2 卵を割りほぐし、塩、こしょうをふります。中華鍋にサラダ油小さじ1を熱して炒り卵を作り、取り出します。

3 同じ中華鍋にサラダ油小さじ2を熱し、長ねぎをさっと炒め、にんにくとご飯を加えて炒めて、炒り卵を戻し入れ、にんにくじょうゆを回し入れて炒め合わせ、塩、こしょうで調味します。

にんにくのみそ漬け

信州のおみやげににんにくのみそ漬けをいただいたことがあります。甘みそに漬け込んだにんにくはよく漬かっていて、そのままカリカリとおいしく食べられました。くださったその年配の女性は、前述のピラミッド労働者のように、毎日みそ漬けのにんにくを1粒食べて、猛暑の夏を乗りきったそうです。

にんにくのみそ漬けのいいところは、調理せずにそのままかじって食べられるところです。「これはいい」そう思って、私も今年はさっそく作りました。

漬け床のみそにもにんにくの香りがついて、豚肉を炒めたり、ピーマンや玉ねぎを炒めたり調味料として使えます。

材料（作りやすい分量）

新にんにく……200g
みそ……300g
みりん……1/2カップ
砂糖……大さじ6〜8

作り方

1 みそとみりん、砂糖を鍋に入れて混ぜ合わせ、弱火にかけて練りながら煮立て、みりんのアルコール分を飛ばします。

2 みそ床を冷まし、皮をむいたにんにくを漬け込みます。

メモ
❖生で食べるには漬けて半年後から。冷蔵で長期保存できますが、1年くらいで食べきりたいもの。

夏バテ防止、食欲増進効果バツグンのおかず

にんにくのみそ漬けで

豚肉とねぎのにんにくみそ炒め

にんにくみそのおいしさをめいっぱい生かした、調味料いらずのおかずです。

材料と作り方（4人分）

1 豚肩ロース肉200gは大きめの一口大に切り、細めのねぎ1本は斜め切りに、にんにくのみそ漬け2かけは薄切りにします。

2 フライパンにサラダ油大さじ1とにんにくを入れ、弱火で熱し、香りが出てきたら中火にして豚肉を入れ、表面に焼き色がついたらねぎの白い部分を入れ、ひと炒めして緑の部分を入れ、最後ににんにくみそ大さじ2を加え、全体に味がいきわたるように混ぜ合わせます。

トマトピューレ

露地物の完熟トマトがお安く手に入ったら、チャンスとばかりピューレにしましょう。ざく切りにして煮つめるだけですが、味が濃く甘くなって、日本のトマトがこんなにおいしいものかと目からウロコです。イタリア産に比べ、国産は甘み、酸味が強く、味に深みがあり、これでパスタを作ったら、本場モノよりおいしい……とイタリア料理のシェフも言っておりました。

ピューレがあれば、パスタはも

ちろん、チキンソテー、魚介のトマトソース煮などがさっと作れますし、おいしい自家製ケチャップもできます。ジャム作りのときのように空き瓶を総動員して、ピュレをストックしましょう。

トマトは完熟であることが条件なので、赤くないトマトは常温に2〜3日おいて真っ赤にしてから調理します。ふだんトマトを生で食べるときも、すぐに冷蔵庫に入れず、食べる30分くらい前に冷やすようにしたほうがおいしいです。

鍋は酸に強いほうろうかステンレス製の厚手のものを用います。

材料（出来上がり1ℓ）

完熟トマト……2kg

作り方

1 トマトはヘタを除いて3cm角に切って鍋に入れ、中火にかけて約1時間、半量になるまで煮つめます（写真❶）。

2 粗熱がとれたら、ボウルを下に受けて、ざるを通してこします（写真❷）。トマトの皮と種だけが残るまで、木べらやお玉の背でよくしごいてこします（写真❸）。こし器を用いてもいいでしょう。

3 こしたトマトを再び鍋に入れ、弱火にかけます。

4 焦がさないよう気をつけながら、トロリとするまで濃度を調節します（写真❹）。

メモ

❖熱いうちに消毒した瓶にすりきりまで詰め（右ページ写真。詰め方は88ページ参照）、ふたをして冷めるまで逆さまにおきます。

❖冷蔵庫で1カ月保存できます。ただし開封後は、1週間で食べきります。

❶

❷

❸

❹

トマトピューレで

トマトケチャップ

トマトピューレをさらに煮つめて、スパイスを加えて作ります。

材料と作り方
(出来上がり500㎖)

トマトピューレ……1ℓ

A
- にんにくすりおろし……少々
- 玉ねぎすりおろし……20g
- クローブ……2本
- 赤唐辛子(種を取る)……1本
- 塩……大さじ1
- 酢……大さじ3
- 砂糖……大さじ4

1 トマトピューレを鍋に入れ、中火にかけて半量まで煮つめます。半量になったら、**A**の材料を加えて(写真左)10分ほど煮ます。

2 冷めたらクローブ、赤唐辛子を取り出し、ひと煮します。

メモ
❖ピューレ同様、熱いうちに瓶に詰め、密閉状態で保存。冷蔵庫で1カ月もちます。開封後は1週間で食べきります。おいしさをそのまま味わうには、オムライスがおすすめ。

トマトソーススパゲティ

トマトソーススパゲティ

トマトソースだけで味わって。

材料と作り方（1人分）

スパゲティ……80g
トマトピューレ……$\frac{1}{2}$カップ
にんにく（つぶす）……1かけ分
赤唐辛子（種を取る）……1本
オリーブ油……大さじ1
塩……小さじ$\frac{1}{4}$
こしょう……少々
パセリ……適量

スパゲティをゆでている間に、フライパンにオリーブ油とにんにく、赤唐辛子を入れ、弱火でゆっくり炒めて香りを出し、中火にしてトマトピューレを加え、ソースを作ります。ゆでたスパゲティをあえ、ゆで汁で濃度を調節し、塩、こしょうで調味し、パセリのみじん切りをふります。

小いかのトマトソース煮

新鮮な小いかでぜひどうぞ。

材料と作り方（2人分）

小いか……3～4はい
トマトピューレ……1カップ
にんにく（つぶす）……1かけ分
赤唐辛子（種を取る）……1本
オリーブ油……大さじ1
塩……小さじ$\frac{1}{4}$
こしょう、バジルの葉……各少々

1 小いかははらわたを引き抜き、皮をむいて食べやすい大きさに切ります。

2 フライパンにオリーブ油とにんにく、赤唐辛子を入れて弱火でゆっくりと香りを出し、中火にして小いかを加えてさっと炒め、トマトピューレを入れて混ぜ合わせ、塩、こしょうで調味し、バジルをちぎって加えます。

小いかのトマトソース煮

8月

バジルペースト

ハーブ人気でバジルを栽培している方が多いようです。たくさん採れたら、ペーストにして保存しましょう。

材料すべてをフードプロセッサーにかけるだけです。少量ずつを加えながら作ります。

材料（作りやすい分量）

バジル……150g（正味）
にんにく……2かけ（20g）
松の実（から炒りする）……大さじ2（20g）
オリーブ油……2/3～3/4カップ

作り方

1 バジルは洗って葉、花、穂先、先の細い枝も摘みます。
ざるに上げて水気を完全にきります。

2 フードプロセッサーに、にんにくと松の実を入れて軽く砕き、次にバジルを2～3回に分けて加え、細かいペースト状にします（写真左）。そこへオリーブ油の半量を2～3回に分けて加え、なめらかにします。

3 ボウルに移し、残りのオリーブ油を少しずつ加え、なめらかなペースト状になるまで混ぜます（写真下）。

メモ

❖熱湯消毒した保存瓶に入れ、オリーブ油を注いで表面に膜を張り、色止めします。冷蔵で2週間。常にオリーブ油が表面にある状態で保存します。

❖ジッパーつきのポリ袋に小分けにして冷凍すれば、便利に使え、1カ月保存できます。

通年

アンチョビー

新鮮ないわしが塩と時間の力で、美味なる調味料に変身します。

材料（作りやすい分量）

かたくちいわし……800g（頭とはらわたを除いて正味500g）
粗塩……100g（いわしの正味の重量の20%）
ローリエ……1枚
オリーブ油……適量

作り方

1 新鮮なかたくちいわしはさっと洗ってざるに上げ、水気をきります。

2 いわしはウロコと頭とはらわたを取り、5%の塩水（水1と1/2カップに塩大さじ1）に10～20分つけます。

3 いわしをざるに上げ、水気をペーパータオルでふき取り、厚手の容器にきっちり並べ、いわしが隠れるくらいの粗塩をふります。さらにその上にいわしを並べ、粗塩をふり、これをくり返します。上にいくほど塩の量が多くなるようにふります。ふたをして、2カ月ほど冷蔵庫で保存します。

4 塩漬けしたいわし（写真左）は塩を洗い流し、手開きにして骨を取り除きます。きれいに洗ってざるに上げ、ペーパータオルで水気をふき取ってから、保存容器に重ね入れ、ローリエをのせ、オリーブ油をひたひたになるまで注ぎます（写真下）。

オリーブ油と塩の力で長期保存が可能

メモ

❖冷蔵保存で、2カ月以内に食べきります。

❖パスタやピザ、サラダ、スープなどの隠し味に力を発揮。イタリアでは、アンチョビーを漬けたオイルを、調味料としていろいろな料理に活用します。

12〜1月

冬のゆずこしょうポン酢しょうゆ

ゆずこしょうというと、青ゆずで作るものが多いですが、冬の黄色いゆずで作るのもいいものです。青ゆずより手ごろな値段なので、たっぷり使えて、味のバランスも、香りもよく感じます。

ゆずこしょうでゆずの皮を使ったら、実は果汁を搾ってポン酢しょうゆにしましょう。手作りならではのまろやかな酸味が楽しめます。

冬のゆずこしょう

材料（出来上がり130g）

青唐辛子（ヘタつき）……100g（正味70g）
ゆずの皮……4～5個分
粗塩……21g（青唐辛子の正味の30％）

作り方

1 青唐辛子はヘタを取って洗い、水気をきって半分に切ります。スプーンで種を取り除き、みじん切りにします。

2 ゆずはきれいに洗って皮をすりおろします。**1**の青唐辛子の正味と同じ量を用意します。

3 すり鉢に**1**の青唐辛子を入れ、形がなくなり、ペースト状になるまでよくすります。粗塩を加え、さらに混ぜて塩がいきわたったら、**2**のゆずの皮を加えて混ぜ合わせます（写真下）。煮沸消毒した瓶に入れてふたをし、冷蔵庫で1～2週間おいてなじませます。

メモ

❖冷蔵庫で6カ月保存可能です。

❖すり鉢はスパイス用の小さいものがあれば、そちらが便利です。

❖青唐辛子を扱うときは、ゴム手袋を使用すると、手にしみません。

❖夏に青唐辛子ペーストの塩漬けを作っておけば、冬にゆずを加えて作ることもできます。

❖右ページの写真のように、鶏肉の塩焼きに添えるほか、魚の塩焼きにもよく合います。塩焼きは少し塩を控えめにして、ゆずこしょうをつけて食べるとバランスがいいでしょう。そのほか、煮物やドレッシングに応用しても、香りと辛みが楽しめます。

ポン酢しょうゆ

材料

ゆずの搾り汁……4～5個分（100㎖）
しょうゆ……100㎖
砂糖……大さじ½

作り方

材料を混ぜ合わせれば出来上がり。

メモ

❖冷蔵庫に保存して、1カ月で食べきります。

❖ゆずの搾り汁としょうゆの割合は1対1です。砂糖を加えることで、酸味がやわらぎます。

通年

ＸＯ醤

以前、香港のホテルで食事をした際に、テーブルに調味料としてＸＯ醤がおかれていました。試しに蒸したえびにつけて食してみたら、なんとも複雑な味わいで、おいしいこと。これがＸＯ醤との出合いです。

その後ＸＯ醤は高級調味料として売られるようになり、いろいろ試してみましたが、市販の味はいまひとつでした。

そこであの味を再現したくて、中国料理のシェフに聞いたりして作ってみたのが本品です。

ＸＯ醤のひとさじで、シンプルな炒め物が何倍にもおいしくなりますから、ぜひ一度お試しください。

水餃子がえもいわれぬ味わいに。XO醤はエライ！

材料（作りやすい分量）

- 干し貝柱（砕けたものでも可）……100g
- 干しえび……50g
- にんにく（みじん切り）……20g
- エシャロット（みじん切り）……40g
- 干し貝柱と干しえびのもどし汁……1と1/4カップ
- サラダ油……1カップ
- ラー油……大さじ2
- ごま油……大さじ2
- 豆板醤……大さじ1
- 砂糖……大さじ1
- 塩……小さじ1/2
- こしょう……小さじ1/2

作り方

1 干し貝柱と干しえびは水に一晩つけてもどし、もどし汁はとっておきます（写真❶）。

2 もどした干し貝柱と干しえびをフードプロセッサーで砕きます（写真❷）。

3 鍋にサラダ油3/4カップを入れ、にんにくを入れて弱火で炒めます（写真❸）。

4 香りが立ってきたらエシャロットを加え、さらに炒めます（写真❹）。

5 砕いた干し貝柱と干しえびを加え炒めます（写真❺）。

6 もどし汁を数回に分けて加え（写真❻）、ふたをして弱火で約30分煮ます。

7 ふたを取り、水分を飛ばしながら弱火でじっくり炒めます（写真❼）。

8 残りの油、ラー油、豆板醤を加え（写真❽）、砂糖、塩、こしょうを加え、5～6分煮て、仕上げにごま油を加えます。

メモ

❖作ってすぐに利用できます。冷蔵庫で1カ月保存可能です。

❖食べ方はそのまま調味料として水餃子や蒸し物につけていただきます。炒め物なら、肉や魚が入らなくても、XO醤が極上のうまみ調味料となります。

❖干し貝柱は中華材料店で売られている、砕けたお買い得品を用いてもいいでしょう。

XO醤で

極上チャーハン

材料と作り方（2人分）

ご飯300g、長ねぎの小口切り1本分、XO醤大さじ1、サラダ油小さじ2、しょうゆ大さじ1、塩・こしょう各少々

中華鍋に油を熱し、ねぎを炒め、あたためたご飯を入れて炒め、XO醤を入れて混ぜ、鍋肌からしょうゆを回し入れ、味をみて塩、こしょうで調味します。

XO醤で

春雨とひき肉のXO醤炒め

春雨がXO醤のうまみを吸って、シンプルな炒め物が上等な味に。

材料（4人分）

春雨……50g
豚ひき肉……150g
もやし……1/2袋
ピーマン……1個
赤パプリカ……1/4個
にんにくのみじん切り……小さじ1
しょうがのみじん切り……小さじ1
長ねぎのみじん切り……1/2本分
塩……少々
サラダ油……大さじ1
XO醤……大さじ2

A
しょうゆ……大さじ1
塩……小さじ1/2
酒……大さじ1

作り方

1 春雨は熱湯でもどし、透明になったらざるに上げて、食べやすい長さに切ります。ひき肉に塩をふり、下味をつけます。
もやしはひげ根を取り、ピーマン、パプリカは細切りにします。

2 フライパンにサラダ油を熱し、XO醤、にんにく、しょうがを入れて、弱火でゆっくり炒め、中火にしてひき肉を加え、色が変わるまで炒めます。

3 ピーマン、パプリカ、もやしを加えてさっと炒めてから春雨を加えて炒め合わせ、**A**の調味料を回し入れ、長ねぎを加えて全体にざっくり炒め合わせます。

食材別さくいん

あ

甘夏
甘夏の皮の砂糖煮―46
甘夏のマーマレード―48

あんず
あんずジャム―66
ロールケーキ―67

いか
いかの塩辛―92

イクラ
イクラのしょうゆ漬け―90

いちご
いちごのシロップ―50
いちごゼリー―51
いちごジャム―52

いんげん
いんげんのピクルス―22

梅
梅干し―54
梅酒―60

XO醤
XO醤―124
極上チャーハン―125
春雨とひき肉のXO醤炒め―126

か

かたくちいわし
アンチョビー―121

かりん
かりん酒―82

きのこ
きのこのしょうゆ漬け―36
きのこそば―37

キャベツ
キャベツの浅漬け―10
キャベツのレモン浅漬け―11

きゅうり
きゅうりのピクルス―26
タルタルソース―27
きゅうりの1本漬け―28
きゅうりのパリパリ漬け―28

牛すね肉
牛すね肉のつくだ煮風―94
牛すね丼―96
牛すね肉と白菜の煮物―96

きんかん
きんかん酒―82

栗
栗の甘露煮―70
かんたんモンブラン―71

昆布
しいたけ昆布―44

さ

鮭
鮭の焼き漬け―90
鮭の親子めし―91

山椒
ちりめん山椒―14
実山椒のつくだ煮―16
あなごめし―17
まぐろのしぐれ煮―17

しいたけ
しいたけ昆布―44

しそ
ゆかり―59
しそジュース―64

しょうが
谷中しょうがの甘酢漬け―24
新しょうがの甘酢漬け―24

た

大根
大根の漬け物四種―40

大豆
みそ―104

玉ねぎ
炒め玉ねぎ―110
オニオングラタンスープ―111

唐辛子
葉唐辛子のつくだ煮―30
青唐辛子みそ―109
青唐辛子じょうゆ―109

トマト
トマトピューレ―116
トマトケチャップ―118
トマトソーススパゲティ―119
小いかのトマトソース煮―119

鶏肉
甘みそ鶏そぼろ―100

な

なす
なすの辛子漬け―34

にんにく
にんにくのしょうゆ漬け―112
にんにくチャーハン―113
にんにくのみそ漬け―114
豚肉とねぎのにんにくみそ炒め―115

は

バジル
バジルペースト―120

ピーマン
ピーマンのつくだ煮―31

ふき
きゃらぶき―12
ふきの葉のつくだ煮―12

ふきのとう
ふきのとうみそ―8

豚肉
豚肉の黒酢煮―98
梅肉そぼろ―101

ぶどう
ぶどうのジュース―72
ぶどうジャム―74
ぶどうのゼリー菓子―74

ブルーベリー
ブルーベリージャム―68

ま

みょうが
みょうがの甘酢漬け―35

や

ゆず
ゆずのはちみつ漬け―81
ゆず酒―82
冬のゆずこしょう―122
ポン酢しょうゆ―122

洋なし
洋なしのシロップ煮―80

ら

らっきょう
らっきょうの甘酢漬け―18
らっきょうのせ焼きそば―20
らっきょうサラダ―20
らっきょうの塩漬け―21

りんご
りんごの甘煮―76
アップルパイ―77
りんごのキャラメル煮―78
りんごのキャラメルケーキ―79

レモン
レモンカード―84
レモンタルト―85

その他 ＊材料が多いものなど

ミックス野菜のピクルス―22
しば漬け―32
冬野菜のピクルス―38
福神漬け―42
ドライフルーツの洋酒漬け―86
フルーツパウンドケーキ―87
田舎風テリーヌ―102

石原洋子《いしはら・ひろこ》

食教育の一環として、「昼食作りは生徒の手で行う」という主義の自由学園に通い、幼いころから料理に興味を持つ。卒業後は家庭料理、フランス料理、中国料理など、各分野の第一人者に学び、アシスタントを務めたのちに独立。東京・武蔵野にある自宅で主宰する料理教室は40年以上続く。長年にわたり、雑誌や書籍、テレビ「3分クッキング」などでも活躍中。父母、一男一女と三世代同居の食生活を取り仕切ってきた経験から生まれたレシピは、体にも心にもおいしい味ばかり。本書では日本の伝統の保存食から、現代の食卓に合う作りおきまで、石原家で愛されてきた味を紹介している。著書に『石原洋子のことづけレシピ』（文化出版局）、『65歳からのふたりごはんの愉しみ』『きょうの晩ごはん ずっと作り続けたいわが家の献立』（ともに家の光協会）など多数。

＊本書は『季節の保存食』（2008年）をもとに、
加筆・修正し、再構成したものです。

撮影……山本明義
デザイン……三木俊一（文京図案室）
スタイリング……宮沢ゆか（カバー、P10～11、28～29、32～35、68～71、84～85、100～101、109、122～123）
企画・編集……高木亜由子、小島朋子
校正……安久都淳子
DTP制作……天龍社
料理アシスタント……荻田尚子、渡邉まり、泉名彩乃
協力……ル・クルーゼジャポン株式会社

ジャム・果実酒・ピクルス・漬け物・みそ
保存食と作りおきベストレシピ

2021年3月20日　第1版発行

著者　石原洋子
発行者　関口 聡
発行所　一般社団法人 家の光協会
〒162-8448 東京都新宿区市谷船河原町11
電話　03-3266-9029（販売）
03-3266-9028（編集）
振替　00150-1-4724
印刷・製本　株式会社東京印書館

乱丁・落丁本はお取り替えいたします。
定価はカバーに表示してあります。

©Hiroko Ishihara 2021 Printed in Japan

ISBN 978-4-259-56685-2 C0077